Vom Stern, der Licht ins Leben bringt

Und andere Weihnachtsgeschichten

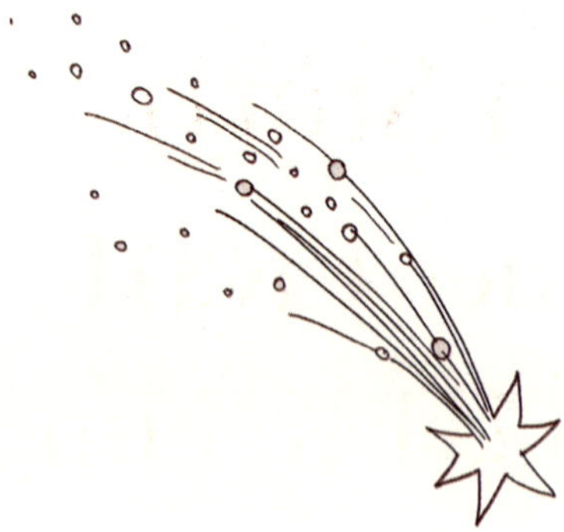

Christa Spilling-Nöker

Vom Stern, der Licht ins Leben bringt

Und andere Weihnachtsgeschichten

HERDER
FREIBURG · BASEL · WIEN

www.herder.de

Umschlaggestaltung: Verlag Herder GmbH, Freiburg im Breisgau

Satz und Illustrationen: Ulrike Vetter, Leipzig
Herstellung: CPI books GmbH, Leck

Printed in Germany

ISBN 978-3-451-31223-6

Inhaltsverzeichnis

Vorwort

Über der Advents- und Weihnachtszeit liegt von Kindheit an ein besonderer Zauber. Der Duft nach Tannen und frisch gebackenen Plätzchen sowie die mit Sternen, Kugeln und Engelfiguren geschmückten Räume schenken eine behagliche Atmosphäre. Dazu kommt bei den Kleinen am 6. Dezember die gespannte Erwartung des Nikolaus.

Wir überlegen uns in diesen Wochen, was wir einem lieben Menschen zum Weihnachtsfest schenken, womit wir einander eine Freude machen können.

Die wertvollsten Geschenke aber lassen sich nicht mit Geld bezahlen, sie fallen uns gleichsam vom Himmel mitten ins Herz: Wenn wir zum Beispiel einem Menschen neu begegnen, der uns vor langer Zeit einmal sehr wichtig gewesen ist, wenn wir uns mit jemandem versöhnen können, von dem wir durch Streit oder Missverständnisse getrennt waren, und wenn wir spüren dürfen, dass wir angenommen und geliebt werden, so, wie wir sind.

Von all solchen Erlebnissen und Erfahrungen erzählen die Geschichten in diesem Buch, um Sie auf mal heitere, mal auf besinnliche Weise mit in die große Weihnachtsfreude hineinzunehmen.

Christa Spilling-Nöker

Mandeln, Zimt und Marzipan

»Hm, riecht das hier gut!« Mit Schwung warf Sophie ihren Rucksack in die Ecke und stürmte in die Küche. »Was gibt das Gutes?«, fragte sie und hatte den Finger schon in der Teigschüssel.

»Morgen ist erster Advent, da sollten wir vielleicht eine Schüssel voll frischer Weihnachtsplätzchen haben«, lachte die Mutter. »Geh und wasche dir die Finger, dann kannst du mir helfen, wenn du Lust hast.« »Au, fein, bin gleich wieder da«, rief Sophie und verschwand im Bad. Kurze Zeit darauf tauchte sie wieder in der Küche auf, band sich erstaunlicherweise freiwillig eine Schürze um und betrachtete hungrig die Vanillekipferl im Backofen, die dabei waren, eine goldgelbe Farbe anzunehmen.

»Warum backt man eigentlich zu Weihnachten so viele Plätzchen mit Honig, Mandeln, Marzipan und allen möglichen Gewürzen, so ganz anders als sonst im Jahr?«, wollte sie wissen.

»Da gibt es eine alte Legende«, erzählte die Mutter, während sie Puderzucker, Eigelb und Marzipan zu Makronenmasse verrührte.

»Als die Hirten den Stern von Betlehem gesehen und die Botschaft der Engel gehört hatten, brachen sie unvermittelt auf, um das Wunder im Stall zu sehen. Dabei hatten sie völlig vergessen, dass sie Brot im Ofen hatten. Als sie zurückkehrten, fürchteten sie, dass das Brot völlig verkohlt sei. Dem war aber nicht so. Als sie den Ofen öffneten, strömte ihnen zu ihrer Überraschung ein herrlicher Duft entgegen. Sie probierten das dunkle Brot, das keinesfalls verbrannt war, im Gegenteil: Es war von einer ungeahnten Süße und Würze. Sie gaben davon auch all ihren Freunden und Verwandten.

Damit jeder von den vielen Leuten ein Stück bekommen konnte, brachen sie es in viele kleine Stücke. Zur Erinnerung an dieses Wunder haben sie dann jedes Jahr zu Weihnachten solche kleinen, leckeren Honigkuchen gebacken, äußerlich dunkel wie das Ereignis im Stall von Betlehem, aber von nie gekannter Süße und dem köstlichsten Aroma.«

»Super, was du alles weißt!« Sophie war sichtlich beeindruckt. »Aber du backst doch nicht nur Vanillekipferl, obwohl die schon sehr verlockend riechen.« Am liebsten hätte sie gleich eines vom Blech stibitzt, das die Mutter gerade aus dem Ofen gezogen hatte.

»Warte noch mit dem Probieren, bis sie abgekühlt sind, dann entfalten sie ihren ganzen Geschmack besser«, riet die Mutter, die den Eifer ihrer Tochter diesbezüglich kannte. »Was rührst du denn jetzt gerade an?«, war auch schon die nächste Frage. »Das gibt Lebkuchen«, erklärte die Mutter, den Teig kannst du gleich auf die Oblaten streichen. Aber die müssen noch über Nacht trocknen, bevor wir sie morgen früh in den Ofen schieben. Du

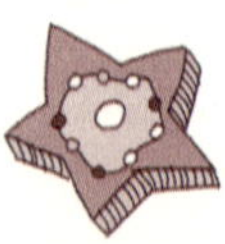

wirst sehen, dann duftet das ganze Haus nach Weihnachten«, ermunterte sie ihre Tochter. »Lebkuchen, was heißt das denn, machen die, dass man länger lebt?« Die Kleine war jetzt neugierig geworden.

»So kann man es sagen«, erwiderte die Mutter fröhlich. »Das Wort ›leb‹ kommt aus dem Althochdeutschen und heißt so viel wie ›Heil- oder Arzneimittel‹. Früher hat man in den Klostergärten Heilkräuter angepflanzt. Aber anstatt aus deren Blüten oder Saft Medikamente in Form von Tropfen oder Tabletten anzufertigen, hat man daraus Gebäck hergestellt.

Zu Weihnachten hat man natürlich nur die Kräuter ausgesucht, die am besten schmecken. Die hat man dann zu einer Art Heilgebäck, eben ›Lebkuchen‹, verarbeitet, als Arznei für die Kranken. Diese Kuchen sollen natürlich auch daran erinnern, dass Jesus in erster Linie für die Kranken gekommen ist und nicht für die Gesunden.«

Aber ihre Tochter hatte den letzten Satz schon gar nicht mehr gehört. »Wenn ich davon morgen drei Stück esse, gehen dann meine Halsschmerzen weg?«, fragte sie mit einem sehnsüchtigen Blick auf die mit Eiweiß vermischte Nuss- und Mandelmasse, die, mit Lebkuchengewürz, fein gehacktem Zitronat und Orangeat durchmischt, schon ungebacken außerordentlich gut schmeckte.

»Hast du Halsweh?«, fragte die Mutter besorgt.

»War ja nur so eine Frage«, wich die Kleine aus. »Ich wollte ja nur mal testen, ob das hinhaut mit dem Heilmittel.« »Pass auf, dass du nach zu viel Lebkuchen nicht plötzlich Bauchweh bekommst. Dann ist die ganze Wirkung dahin.« Die Mutter musste lachen.

»Backen wir auch Pfefferkuchen«, wollte Sophie wissen. »Lebkuchen und Pfefferkuchen sind eigentlich das

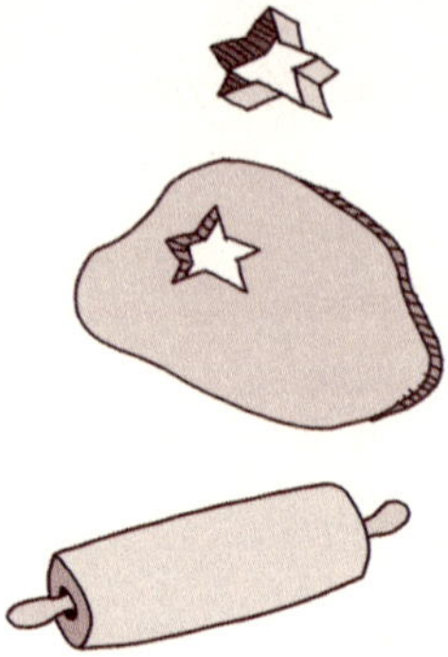

Gleiche«, erwiderte die Mutter. »Zur Zeit des Hochmittelalters begann der Gewürzhandel mit dem Morgenland. Da der Pfeffer besonders teuer und begehrt war, hat man alle Gewürze aus dem Osten als ›Pfeffer‹ bezeichnet.

Und da von jeher zu Weihnachten nur das Beste auf den Tisch kam, hat man das auf besondere Art gewürzte Weihnachtsgebäck eben ›Pfefferkuchen‹ genannt.«

»Aber Pfeffernüsse gibt es doch auch.« Sophie blieb hartnäckig.

»Da kommt außer Anis wirklich richtiger Pfeffer dran. Als ich die das erste Mal gebacken habe, hatte ich auch Sorge, was da wohl aus dem Ofen käme, aber ihr habt sie alle aufgegessen. Die kannst du in der nächsten Woche mal alleine backen, Sophie.«

»Mach' ich, wenn du mir das Rezept dazu gibst. Kann Anna mitmachen?« Der Eifer der Elfjährigen war kaum noch zu bremsen. Anna war ihre beste Freundin, und es war ein ungeschriebenes Gesetz zwischen den beiden, dass man alles Schöne miteinander teilt.

»Einverstanden«, meinte die Mutter, die froh war, dass Sophie in der neuen Klasse so schnell eine gute Freundin gefunden hatte. »Aber noch mal zurück zu den Lebkuchen. Liegt da noch irgendwo die Tüte mit dem Lebkuchengewürz?« »Ja, hier, hinter dem Schneebesen.« »Sieh mal bitte nach, wie viele Gewürze da aufgeführt sind.«

»Anis, Zimt, Koriander ..., elf zähle ich.« »Ach, es ist alles nicht mehr so, wie es früher mal war«, seufzte die Mutter.

»Wieso, was ist denn da falsch dran mit den elf Gewürzen?« »Ursprünglich waren es sieben oder neun Gewürze«, erwiderte die Mutter. Die Zahl Sieben erinnert an die Vollendung, die Gott der Welt in sieben Schöpfungstagen gab.«

»Das leuchtet ein«, erwiderte Sophie, den Mund jetzt voll mit Nusshörnchen, »deshalb ist es gesund, jeden Tag Lebkuchen zu essen ... hm, lecker«, lobte sie im gleichen Atemzug die Backkunst der Mutter. »Ja, so ungefähr. Jeder Tag unseres Lebens soll ein gesegneter Tag sein.«

»Und was hat es mit der Neun auf sich?« »Die Drei gilt als Zahl göttlicher Vollendung ...« »Gott Vater, Sohn und Heiliger Geist«, fiel ihr Sophie ins Wort.

»Genau, und die Drei mit sich selbst multipliziert ist dann die Zahl höchster Vollendung. Nicht nur die Lebkuchen, die du da gerade schön vorbereitet hast«, die Mutter nickte ihrer Tochter anerkennend zu, »sondern auch das Früchtebrot enthält neun Zutaten.« »Backen wir das auch noch?«, fragte Sophie sehnsuchtsvoll.

»In diesem Jahr will ich stattdessen mal einen Christstollen backen«, meinte die Mutter. »Hat der auch eine Bedeutung?«

»In das Tuch aus Teig werden ja Rosinen, Mandeln und Marzipan, also allerlei süße Sachen, gewickelt. Die sollen an das in Windeln gewickelte Jesuskind erinnern. Aber den Stollen backen wir heute noch nicht. Jetzt wollen wir erst einmal ein paar Spekulatius herstellen. Gibst du mir mal bitte die Holzmodel rüber?«

»Spekulatius, komischer Name. Hat das was damit zu tun, dass man spekulieren muss, wie viele Gewürze da drin sind?« »Nein«, die Mutter musste erneut lachen. »Was ist denn los mit dir? So kenne ich dich ja gar nicht. Dein Wissensdurst ist ja unersättlich.« »Nun sag schon!«, flehte Sophie.

»Spekulatius heißt eigentlich Aufseher, es ist die lateinische Bezeichnung für Bischof.«

»Dann backen wir jetzt kleine Bischöfe?« Gedankenverloren betrachtete Sophie die Figuren auf den Holzmodeln. »So ungefähr«, schmunzelte die Mutter. »Die Bilder erzählen die Geschichte von Bischof Nikolaus von Myra, der vielen Menschen aus ihrer Not geholfen hat. Auch dazu gibt es eine Legende. Die Einwohner der Stadt Myra waren dem Hungertod nahe und sehnten die lebensrettenden ägyptischen Getreideschiffe herbei.

Doch kurz bevor diese in den Hafen einlaufen konnten, stoppten Piraten mit schnellen Booten die Zufahrt der Schiffe und verlangten, dass die Einwohner sie mit Gold füllen sollten. Aber alle Halsketten und Ringe reichten nicht, die Boote wurden beim besten Willen nicht voll.

Da forderte der Anführer der Seeräuber, dass für jedes fehlende Pfund Gold ein Kind hergegeben werden sollte, das sie als Sklave verkaufen wollten. Du kannst dir vorstellen, wie entsetzt die Menschen, vor allem die Mütter waren. In letzter Minute, als die Kinder schon im Hafen zusammengetrieben worden waren, brachte Bischof Nikolaus das kostbare schwere Kirchengerät aus der Kathedrale zu den Schiffen und rettete damit den Kindern das Leben. Zur Erinnerung an diesen Bischof Nikolaus feiern wir an dessen Todestag den Nikolaustag, aber das weißt du ja.«

»Dann gibt es in diesem Jahr Spekulatius zum Nikolaustag?« Sophie war enttäuscht. »Ich hatte ja eigentlich gehofft, dass ich die neueste CD von meiner Lieblingsband vom Nikolaus kriege.« Es konnte nicht schaden, die Mutter so kurz vor dem 6. Dezember noch einmal an ihren Wunsch zu erinnern.

»Verwöhnte Jugend«, seufzte die Mutter. »Früher gab es Äpfel, Apfelsinen, Schokolade und Nüsse in den Stiefeln. Übrigens galten Nüsse damals auch als Sinnbild für Gottes Wort. In einer rauen, hölzernen Schale ist ein köstlicher Kern verborgen. Es gilt, im Leben die harte Schale zu durchdringen, um an den süßen Kern zu gelangen. Du kennst doch das Sprichwort: Gott gibt die Nüsse, aber aufknacken muss man sie selbst.«

»Das könnte man von meinen Hausaufgaben für den Mathetest am Montag auch behaupten«, stöhnte Sophie.

»Du musst noch Mathe üben? Dann ab durch die Mitte, den Rest schaffe ich hier schon allein.« »Kann ich heute Abend oder morgen noch machen, ... was bedeuten denn die Förmchen hier«, versuchte Sophie, die Mutter abzulenken. »Kannst du dir selbst überlegen«, warf die Mutter ein. »Klar, Sterne stehen für den Stern von Betlehem. Backen wir noch Zimtsterne? Die kann ich ausstechen und mit Zuckerguss bestreichen.« »Und die Hälfte vom Teig vorher naschen, ich kenne dich. Nein, die backen wir erst kurz vor Weihnachten.«

»Engel sollen an die Verkündigung der Weihnachtsbotschaft erinnern, richtig?«, fuhr Sophie fort. »Süßer die Glocken nie klingen ...«, Sophie hielt die Glockenform in der Hand. »Die Weihnachtsglocken sollen den Frieden einläuten«, sagte die Mutter ernst, »wenn das

Wunder doch wirklich geschehen würde, dass überall auf der Welt Frieden wäre.« »Und die Brezelform, was soll die?«

»Die erinnert an Mönche, die ihre Arme gekreuzt in die Kutten gesteckt haben, zugleich auch an die zusammengebundenen Hände Jesu am Karfreitag.«

»Das ist mir jetzt zu ernst. Übrigens, die Makronen sind vielleicht lecker. Sind auch schon abgekühlt«, erwiderte sie den vorwurfsvollen Blick der Mutter. »Erzähl mir lieber, was es mit dem Marzipan auf sich hat.«

»Genau weiß man nicht, wo diese Bezeichnung herkommt. Die Venezianer prägten im Mittelalter eine Münze, die sie ›matapan‹ nannten. Mit dem gleichen Begriff wurde eine Kiste mit einem Rauminhalt von 1/10 Scheffel benannt. In solchen Kisten wurde das ›marzapane‹ in den Handel gebracht. In Deutschland wurde es dann bald, weil es aus Venedig stammt, volkstümlich als *Marci panis* bezeichnet, als Brot des heiligen Markus, der dort begraben liegt. Du erinnerst dich doch noch an den Markusplatz vom Taubenfüttern im letzten Urlaub, oder?« »Klar doch. Jetzt brummt mir aber allmählich der Schädel.«

»Solange dir inzwischen nicht der Bauch wehtut, geht es ja noch«, meinte die Mutter trocken mit einem Seitenblick auf den schon erheblich reduzierten Makronenteller.

»Da habe ich in der nächsten Woche in der Schule aber was zu erzählen. Wir wollen am Donnerstag in der Schulküche auch Plätzchen backen«, fügte sie eifrig hinzu. Vielleicht kriege ich dann in Reli doch noch eine 1, nachdem ich neulich zwei Mal geschwänzt habe.«

»Was höre ich da?«

Sophie wurde rot. Sie ärgerte sich, dass ihr das mit dem Schwänzen herausgerutscht war. »Nicht böse sein, Mami, es war so ein gemütlicher Nachmittag, ich mache auch den Abwasch ganz alleine.«

»Reumütigen Büßern soll man nicht im Wege stehen«, meinte die Mutter und zog sich aus dem Schlachtfeld von klebrigen Schüsseln, Pinseln, Nudelhölzern, Messbechern und Backförmchen zurück.

»Da kann ich ja in Ruhe den Adventskranz binden«, lachte sie fröhlich. »Schließlich wollen wir ja morgen Nachmittag die erste Adventskerze anzünden und einige von den Plätzchen knabbern, die du noch übrig gelassen hast.«

Mandeln, Zimt und Marzipan

Weihnachten liegt in der Luft,
Kerzenglanz und Tannenduft,
Mandeln, Zimt und Marzipan
regen Leib und Seele an,
diese Zeit mit allen Sinnen
frohen Herzens zu beginnen.
Lichter an den Weihnachtsbäumen
lassen deine Sehnsucht träumen.
Auf geheimnisvolle Weise
spürst du in der Tiefe leise,
dass sich wieder Hoffnung regt,
die zur Wandlung hinbewegt:
Neue Zukunft, neues Leben
wird in Fülle dir gegeben.

20

Aufregung um den Nikolaus

In diesem Jahr war alles anders als in den vergangenen Jahren. Das lag daran, dass sie die Mutter vor drei Wochen ins Krankenhaus gebracht hatten. Der Vater hatte ein sorgenvolles Gesicht gemacht und gesagt, dass sie jetzt alle sehr tapfer sein müssten.

Anne und Sebastian hatten dann auch versucht, die Tränen herunterzuschlucken, was aber doch nicht ganz gelungen war. Die Operation war besser verlaufen als erwartet, und die Mutter hoffte, spätestens zu Weihnachten aus dem Krankenhaus zu kommen und wieder zu Hause zu sein. Mehrere Nachbarsfamilien hatten sich angeboten, die Kleinen aus dem Kindergarten abzuholen und zu betreuen, bis der Vater abends nach Hause kam. Insofern war für das Notwendigste gesorgt.

Der Vater hatte am ersten Advent eine Kerze angezündet und eine große Tüte mit Pfeffernüssen auf den bunten Teller geschüttet. Jeden Abend las er ihnen eine Geschichte vor. Dennoch: Es war eben nicht wie sonst. Es fehlte der Duft nach Tannen und der Geruch nach selbst gebackenen Lebkuchen, es fehlte das Sternebasteln am Abend und das Adventsliedersingen, es fehlte der

Bummel durch die mit Lichterketten geschmückte Stadt und durch die weihnachtlichen Auslagen in den Geschäften. Das alles wäre ja noch zu verkraften gewesen, weil jetzt eben gute Hoffnung bestand, dass die Mutter wieder ganz gesund werden würde. Ein Erwachsener kann sich in solch einer Situation damit trösten, dass im nächsten Jahr alles wieder wie immer sein wird, aber wenn man erst vier und sechs Jahre alt ist, kann man nicht ein Jahr im Voraus denken, da muten einen ja schon die vier Wochen vor Weihnachten wie eine Ewigkeit an.

»Vielleicht bringt uns der Nikolaus in diesem Jahr etwas besonders Tolles«, versuchte die vierjährige Anne, sich und ihren großen Bruder zu trösten, als der besonders niedergeschlagen am Fenster saß und den ersten Schneeflocken zusah, die vom Himmel taumelten und den Vorgarten wie mit weißem Flaum bedeckten.

»Vielleicht«, brummte der. Im vergangenen Jahr hatte die Mutter ihre Kinder angesichts der ersten Schneeflocken gepackt und war mit ihnen auf den Weihnachtsmarkt gefahren. Die Musik, die vielen Lichter, die heißen Bratäpfel im Schnee, das alles war wunderschön gewesen.

»Ich putze meine Schuhe heute jedenfalls besonders ordentlich.« Anne war inzwischen eifrig damit beschäftigt, dunkelbraune Schuhcreme auf dem Parkettfußboden zu verteilen.

»Pass auf, der Vater kommt gleich«, ließ Sebastian sich vernehmen. Kurz bevor der Vater nach Hause kam, musste die Nachbarin, die diese Woche für sie sorgte, zu ihrer Nachtschicht im Pflegeheim; sie brachte die Kinder dann in deren Wohnung, wo sie so etwa eine halbe Stunde alleine waren.

Sebastian wusste nicht so recht, ob er noch an die Existenz eines Nikolauses glauben sollte. In der Stadt liefen so viele Nikoläuse und Weihnachtsmänner herum, die irgendwelche Bonbons an die Kinder und Parfümproben an deren Mütter verteilten. Im Kindergarten vertraten die meisten der anderen Kinder die Meinung, dass die Nikoläuse verkleidete Opas, Onkel oder Väter wären. Aber sicherheitshalber stellte er an diesem Abend seine neuen Halbschuhe auch vor die Tür. Man konnte ja nie wissen.

Anne hatte sich fest vorgenommen, in dieser Nacht wach zu bleiben und den Nikolaus gewissermaßen auf frischer Tat zu ertappen, war dann aber schon während der Geschichte eingeschlafen, die der Vater ihnen vorgelesen hatte. Aber am nächsten Morgen war sie die Erste, die mit Schwung aus dem Bett stürzte und vor die Tür eilte. Dann durchzog ein lauter Aufschrei das Haus und eine tränenüberströmte Anne stand im Kinderzimmer.

Sie zog Sebastian die Decke weg, die der sich bei ihrem Gebrüll gerade über die Ohren gezogen hatte. »Nichts!«, rief sie verzweifelt, »nicht einmal eine Tüte Schokoladenbonbons.« Das war zuviel.

Die Mutter im Krankenhaus, das langweilige Essen bei der Nachbarin, kein Basteln und kein Singen mit der Mutter, und jetzt nicht einmal eine vorweihnachtliche Überraschung im Schuh. Der Vater wischte ihr rasch die Tränen vom Gesicht und bemerkte beiläufig, dass der Tag ja noch nicht zu Ende sei. Dann musste alles schnell gehen, wie jeden Morgen: Waschen, Zähneputzen, Anziehen, Frühstücken; der Vater hatte nicht viel Zeit, die beiden auf dem Weg in sein Büro im Kindergarten abzuliefern.

Es war trostlos. Alle Kinder erzählten von ihren Geschenken im Schuh, zeigten einander Spielzeug und ließen Tüten mit Naschwerk herumgehen.

Anne und Sebastian mochten von den anderen Kindern nichts annehmen, weil sie selbst nichts anzubieten hatten. Die Erzieherin, der Anne das häusliche Elend vorgeweint hatte, besorgte schnell zwei Schokoladenweihnachtsmänner aus dem gegenüberliegenden Bäckerladen, aber das war eben doch kein Ersatz für die ausgebliebene nächtliche Überraschung.

Am Abend saßen beide Kinder am Fenster und sahen in das heftige Schneegestöber hinaus. Die Nachbarin war mit ihnen Schlitten gefahren, das hatte sie wenigstens für eine Weile auf andere Gedanken gebracht.

Plötzlich ging die Türglocke. »Wir dürfen nicht aufmachen, wenn wir allein sind«, rief Sebastian seiner kleinen Schwester nach, die aber hatte die Tür bereits weit aufgerissen.

»Ich suche zwei ganz liebe Kinder, die Anne und den Sebastian, wohnen die hier?«, ertönte eine dunkle Stimme. Anne konnte ihr Glück kaum fassen. Jetzt kam der Nikolaus doch noch, nicht nur heimlich, in der Nacht, nein, zu ihnen kam er sogar persönlich. Ob er das mit Mutters Krankheit wohl wusste? Aber schon griff der Nikolaus in seinen großen Sack und beförderte eine wundervolle Puppe hervor. Doch just in dem Augenblick, als Anne selig ihre Hände nach der Puppe ausstreckte, kam Sebastian in den Flur gestürmt.

»Nicht, Anne, wer weiß, ob der Nikolaus echt ist«, rief er verzweifelt und versuchte, den Mann aus der Tür heraus zu drängen.

Er hatte am Vormittag im Kindergarten das Gespräch zwischen zwei Erzieherinnen belauscht. »Es ist nicht zu glauben«, hatte Katharina gesagt, »da läuft in unserer Stadt ein Einbrecher in Nikolausverkleidung herum, der Wohnungen ausspioniert, in denen Kinder alleine sind, und sich mit seinem Tarnmantel Zutritt zu diesen Wohnungen verschafft.« Man müsste die Kinder warnen, hatte sie noch gemeint. Aber Sabrina, die Ältere, hatte geantwortet, dass man sie mit solcher Information nur erschrecken würde.

Und jetzt stand dieser wildfremde Mann in ihrer Wohnung, wer weiß, ob das der Einbrecher war. Anne hatte inzwischen zu schreien begonnen, weil sie die Puppe wollte, als es erneut klingelte. Wenn jetzt Besuch kommt, sind wir nicht mehr allein diesem Fremden ausgeliefert, dachte Sebastian erleichtert. Dieses Mal war er es, der die Tür weit aufriss. Aber was da in der Tür erschien, ließ ihn weiche Knie kriegen. Da stand ein zweiter ausgewachsener Nikolaus mit Sack und Bart und schaute seinen Kollegen verdutzt an. Einen Augenblick lang waren alle vier sprachlos. Jetzt aber war Sebastian sicher. Einer von den beiden musste der Einbrecher sein.

Aber welcher? Er war der Ältere der Geschwister, er hatte hier die Verantwortung. Er nutzte den Augenblick der Verwirrung, um schnell in Vaters Arbeitszimmer zu schlüpfen. Die Nummer der Polizei hatten ihm die Eltern eingeschärft. »Für alle Fälle«, hatten sie gesagt. Jetzt war so ein Fall.

»Bitte kommen Sie schnell in die Bachstraße 13, wir haben hier den falschen Nikolaus, den Einbrecher«, sagte er leise und legte wieder auf. Jetzt galt es, der kleinen Schwester beizustehen. Schon war er wieder im Flur, wo beide Nikoläuse mittlerweile in stiller Eintracht ihre Geschenke für die Kinder auspackten. Ganz schön raffiniert, dachte Sebastian, erst machen sie den Kindern Geschenke, und wenn die beschäftigt sind, räumen sie die Wohnung aus.

Vielleicht waren beide Komplizen. Sicher würde er, Sebastian, morgen als ›*Held des Tages*‹ in der Zeitung stehen. Er tat jetzt auch so, als würde er sich über die Spielsachen freuen, um die Eindringlinge hinzuhalten, beobachtete aber beide aus den Augenwinkeln ganz genau.

Die Polizei war schneller als erwartet. »Hände hoch und an die Wand dort!« Es war wie in einem Krimi. Die beiden Nikoläuse waren völlig überrascht. »Können Sie sich ausweisen?«, fragte einer der Beamten. »Meine Papiere liegen zu Hause, aber können Sie mir sagen, was das hier soll? Wir wollten den Kindern doch nur eine Freude machen.« »Das können Sie uns alles auf der Wache erzählen, kommen Sie«, sagte der Beamte und wollte die beiden Nikoläuse gerade abführen, als es erneut klingelte.

»Von drauß' vom Walde komm ich her«, ließ sich eine tiefe Stimme vernehmen. Das war zuviel des Guten. Selbst die Beamten schienen jetzt überfordert, denn sie hatten sich nur auf die Festnahme von zwei Nikoläusen eingestellt. »Fordere Verstärkung an«, sagte der ältere Polizist zu dem jüngeren, »ich halte die drei solange in Schach.« »Was ist denn hier los?«, fragte der dritte

Nikolaus. Sebastian kam die Stimme dieses dritten Gastes ungemein bekannt vor, ob der wohl der richtige Nikolaus war?

»Jens, nun sag doch was, die bringen uns hier noch ins Kittchen.« »Wir wollten deinen Kindern doch nur eine Freude machen, weil Karin im Krankenhaus ist und die Kinder in der Adventszeit ohne Mutter sind«, sagte der Erste verzweifelt. »Und meine Frau hat noch gesagt: Sprich dich lieber mit Michael ab, nicht dass der auf die gleiche Idee kommt wie du.«

»Sie kennen sich?«, fragten die Polizisten irritiert. »Das sind meine Kinder«, sagte der dritte Nikolaus und zog sich die Maske vom Gesicht. »Und die beiden hier sind keine Einbrecher, sondern Nachbarn, die für die beiden den Nikolaus spielen wollten.« Die Polizisten ließen die beiden Männer los, die sich nun auch Bart und Mütze abnahmen. Anne begriff gar nichts mehr. Eben waren drei echte, richtig nette Nikoläuse zu Besuch gewesen, und jetzt standen da der Vater und seine beiden Skatbrüder vor ihr, die sie nicht sonderlich gut leiden konnte. Sicherheitshalber brachte sie aber die Spielsachen und ihre geliebten Schokoladenbonbons in Sicherheit.

Man konnte ja nie wissen, ob die Polizisten vielleicht auf die Idee kommen würden, all die Herrlichkeiten mitzunehmen. Denn irgendetwas war hier ja nicht mit rechten Dingen zugegangen. Doch die Polizisten waren schon dabei, sich zu verabschieden.

Inzwischen saßen die drei unechten Weihnachtsmänner im Wohnzimmer, zupften sich die Klebstoffreste von Oberlippe und Augenbrauen und erholten sich von all der Aufregung bei einem Schnaps. Nur der

Junge stand still in der Ecke und schämte sich tief. Fast hätte er Vaters Freunde verhaften lassen. Nichts war es mit dem »Held des Tages«.

»Komm, Sebastian, pack jetzt auch deine Geschenke aus.« Der Vater nahm seinen Ältesten auf den Schoß. »Im Grunde genommen hast du ganz richtig geschaltet. Du konntest ja nicht wissen, wer sich unter den Kostümen verbarg.«

Verlegen steckte Sebastian sich ein Stück Marzipan in den Mund, als es erneut klingelte. »Bitte nicht noch ein Nikolaus!«, stöhnte er, befreite sich von Vaters Schoß und lief ins Kinderzimmer. Der Vater öffnete. Aber dieses Mal stand kein Nikolaus vor der Tür, weder ein echter, noch ein falscher, sondern die Mutter.

»Sie haben mich ganz überraschend für das Wochenende nach Hause entlassen«, sagte sie, »ich muss erst Montag wieder in die Klinik. Da kann ich doch heute Abend noch gemütlich mit euch zusammen sein. War denn der Nikolaus schon da?«

Enttäuschungen,
die uns heute entmutigen
und traurig stimmen,
können schon morgen
eine überraschende
Wende nehmen,
durch die wir
mit einer unfassbaren Fülle
an Glück beschenkt
und gesegnet sind.

Die gestohlenen Stiefel

»Mama, Mama«, rief Nicola, »die Stiefel, sie müssen richtig vor die Haustür!« »Es genügt doch, wenn du sie vor die Zimmertür stellst«, versuchte die Mutter, ihre aufgeregte Tochter zu beschwichtigen, »der Nikolaus wird sie auch dort finden.« »Und wenn er nicht in die Häuser hineingeht und nur nachsieht, wo Schuhe vor der Haustür stehen, dann bekomme ich nichts.« Nicola war den Tränen nahe. »Also gut«, beruhigte die Mutter ihre Fünfjährige, »dann stellen wir sie halt draußen vor die Tür. Aber dann ab ins Bett, es ist schon spät.«

Ich kann die Schuhe ja gleich wieder hereinholen, dachte die Mutter. Hauptsache, die Kleine kommt endlich zur Ruhe und schläft. Es gab im Haus noch einiges zu erledigen.

Kaum war Nicola inmitten ihrer vielen geliebten Puppen und Stofftiere, mit denen sie stets ihr Nachtquartier teilte, eingeschlafen, klingelte das Telefon. Eine Freundin rief an und klagte über eine ernsthafte Ehekrise. Die Mutter hörte ihr lange und aufmerksam zu. Es war schon fast elf, als sie den Hörer wieder auflegte. In Gedanken noch ganz bei den Problemen ihrer Freundin, begann sie, die vorgesehene Hausarbeit zu erledigen. Es ging schon auf ein Uhr, als der Mutter siedend heiß einfiel, dass sie noch die Stiefel von Nicola hereinholen musste, um in ihnen einige Süßigkeiten und ein hübsches Malbuch zu verstecken. Hastig öffnete sie die Haustür – und erstarrte vor Schreck! Die Stiefel waren weg.

»Das gibt es doch nicht«, dachte sie, holte hastig eine Taschenlampe und leuchtete den ganzen Eingangsbereich zum Haus ab. Nichts. Es dauerte eine Weile, ehe sie begriff, dass die Stiefel gestohlen worden waren.

»Was soll ich jetzt bloß meiner Tochter sagen«, dachte sie verzweifelt. Nicola hatte sich so sehr über die Stiefel gefreut. Sie waren von einem Geschäft zum nächsten gegangen, bis die Kleine gesagt hatte: Die will ich. Es waren hübsche rote Lederstiefelchen, abgesetzt mit einer schwarzen Webpelzkante. Sie selbst war über den Preis erschrocken gewesen, der fast dem von Schuhen für Erwachsene entsprach. Aber sie wusste auch, wie sehr die Kinder schon in der Kindertagesssttätte auf Markenkleidung achteten. Nicola hatte bisher noch nie welche bekommen. Sie hatten das kleine Reihenhaus in der Vorstadt von ihren Eltern geerbt und kamen mit dem nicht allzu üppigen Gehalt, das ihr Mann als Vertreter mit nach Hause brachte, gerade so über die Runden. Umso mehr hatte sie sich gefreut, Nicola jetzt einmal diese besonders schönen Stiefelchen kaufen zu können, die ganz ausgezeichnet zu ihrem roten Kapuzenmantel und der schwarz-rot-karierten Hose passten. Und jetzt waren diese nagelneuen teuren Schuhe weg. Was sollte sie der Tochter am nächsten Morgen für eine Erklärung geben?

Dann hatte sie urplötzlich eine Idee. Sie nahm ein weißes Blatt Papier und schrieb mit entstellter Handschrift darauf:

Liebe Nicola!
Du hast deine hübschen roten Stiefel vor die Tür gestellt, damit ich dir etwas Schönes hineinlege. Du bekommst auch etwas, das ich dir direkt vor deine Zimmertür stelle. Deine Stiefelchen nehme ich mit, weil es so viele arme Kinder in der Stadt gibt, die zu wenig zum Anziehen und keine warmen Schuhe haben. Ich weiß, dass du das verstehen wirst.

Dein Nikolaus.

Die Mutter war stolz auf ihren Einfall und legte sich, mittlerweile selbst todmüde, beruhigt schlafen.

Geweckt wurde sie von dem Geschrei ihrer Kleinen.

»Wo sind meine Stiefel, wo sind meine Stiefel?« Nicola hatte wohl die Marzipanstückchen, die Bonbons und das Malbuch vor ihrer Zimmertür gefunden, hatte aber nicht begriffen, warum die schönen Dinge nicht in ihren Schuhen waren. Inzwischen war sie groß genug, um die Haustür alleine aufzuschließen, und hatte feststellen müssen, dass ihre Schuhe nicht mehr dort standen, wo sie sie am Abend zuvor sorgsam aufgestellt hatte.

»Sieh nur, Nicola«, sagte die Mutter, noch schlaftrunken, hier liegt ein großes Blatt Papier. Und sie las ihrer Tochter den Text laut vor.

Augenblicklich war Nicola still. Dass der Nikolaus an sie persönlich einen Brief geschrieben hatte, machte sie sprachlos und tröstete sie ein wenig über den Verlust ihrer schönen Stiefel hinweg. »Lies mir den Brief noch mal vor!«, bat sie und die Mutter folgte, ein wenig erstaunt, diesem Wunsch.

Darauf stapfte Nicola in ihr Zimmer zurück und zog die Tür von innen zu. Die Mutter ging zuerst ins Bad und machte anschließend Frühstück für sie beide. Ihr Mann war in dieser Woche, wie so oft, unterwegs.

»Nicola, komm, frühstücken, der Kakao ist fertig!«, rief sie ihre Tochter. Aber die Kleine, für die das Wort »Kakao« sonst genügte, um auf der Stelle in der Küche zu erscheinen, reagierte heute nicht. Noch einmal rief die Mutter, aber wieder ohne Erfolg. Erstaunt ging sie ins Kinderzimmer. »Komm, du musst dich beeilen, damit du rechtzeitig in der Kita bist«, rief sie, während sie die Tür des Kinderzimmers öffnete.

Der Anblick, der sich ihr bot, machte sie sprachlos. Auf dem Fußboden lagen allerlei Blusen, Pullover und T-Shirts, dazwischen Puppen, Teddybären und Playmobilfiguren verstreut. »Du musst dich beeilen!«, setzte die Mutter noch einmal an, als sich die Kleine, mit in die Hüften gestemmten Fäusten vor ihr aufbaute und sagte: »Ich gehe heute nicht in die Kita.« »Und warum nicht?«, fragte die Mutter erstaunt. »Was soll überhaupt das Chaos, das du hier veranstaltet hast?«, setzte sie entrüstet hinzu. »Wenn es so arme Kinder gibt, die keine Schuhe haben, sodass der Nikolaus meine schönen neuen Stiefel mitnehmen musste, um sie anderen Kindern zu schenken, dann haben die bestimmt auch sonst nichts anzuziehen und nichts zum Spielen«, erklärte sie, »jetzt suche ich etwas, das ich dem Nikolaus noch mitgeben kann für die armen Kinder. Hier, dieser blaue Pullover ist schön warm.« Sie wies auf den Pulli, den ihr die Oma im letzten Winter liebevoll gestrickt hatte. »Und dieses T-Shirt und meine Lilli.« Bei diesen Worten hielt sie eine große Puppe im Arm. »Wir legen das heute Abend alles vor die Haustür, und dann wird der Nikolaus bestimmt noch einmal kommen und es für die armen Kinder mitnehmen«, bestimmte das Kind.

Die Mutter war sprachlos. Wie sollte sie sich verhalten. Sie konnte Nicola jetzt nicht erzählen, dass irgend jemand ihre Stiefelchen gestohlen und vermutlich für ein paar Euro irgendwo zu Geld gemacht hatte. Auf der anderen Seite beschämte sie das Verhalten ihrer kleinen Tochter. Wie schwer war es ihr selbst bisweilen gefallen, aufgrund der finanziellen Engpässe auf ein hübsches Kleid oder eine attraktive Bluse zu verzichten.

Die Lösung kam von Nicola selbst. »Ich habe nicht geglaubt, dass andere Kinder so wenig haben«, ließ sich ihre Tochter nach kurzer Zeit vernehmen, »aber bei uns in der Kita die Clara, die hat eigentlich auch nie etwas richtig Schönes zum Anziehen. Die kommt aus der Siedlung, weißt du, und die anderen lachen immer alle über sie.«

Die Mutter atmete erleichtert auf. »Was hältst du denn davon«, fragte sie, »wenn du die Clara mal einlädst? Dann können wir sie selbst fragen, ob sie sich über etwas von den hübschen Sachen, die du verschenken möchtest, freuen würde?« »Meinst du denn, Mama, dass der Nikolaus das mitkriegt?« »Ist das so wichtig?«, fragte die Mutter zurück. Da glitt ein verschmitztes Lächeln über das Gesicht ihrer Tochter. »Ich dachte, wenn der Nikolaus merkt, dass ich etwas Schönes weggebe, dann bringt mir der Weihnachtsmann vielleicht ein Fahrrad!« »Gott sei Dank ist mein Kind nicht zur Heiligen geboren«, lächelte die Mutter erleichtert, als sie die eigentlichen Beweggründe ihrer Tochter erfahren hatte.

Der gemeinsame Nachmittag mit Clara wurde zum Erlebnis für alle drei. Zuerst gingen sie auf den Weihnachtsmarkt und die Mutter spendierte eine Karussellfahrt, Würstchen, Kinderpunsch und Zuckerwatte. Später saßen sie noch zu Hause bei Kakao und Lebkuchen und spielten UNO. Clara konnte gar nicht fassen, dass der schöne blaue Rollkragenpullover und die Puppe mit den Schlafaugen ihr gehören sollten.

Auch Nicola war überglücklich. Sie hatte wohl irgendwo in ihrer Kinderseele, nicht ganz zu Unrecht, das Gefühl, selbst zum Nikolaus für Clara geworden zu sein. Sie war fast ein wenig stolz auf sich.

Die Mutter dachte noch lange über das Verhalten ihrer Tochter und den schönen Nachmittag mit den beiden ungleichen Mädchen nach. Plötzlich fiel es ihr ganz leicht, auf das erträumte Kostüm in der Boutique an der Ecke zu verzichten, um ihrer Tochter die teuren Stiefel noch einmal zu kaufen, dazu auch das Fahrrad, das sie sich so sehnlich wünschte. Und sie ermunterte sie, Clara doch öfter einmal mit nach Hause zu bringen.

Ein Gespür bekommen
für die Armut und Not
vor der eigenen Tür –
und Freude empfinden,
wenn man mit denen teilt,
die einer Gabe der Liebe
so dringend
bedürftig sind.

Als der Niko(k)laus kam

Kaum hatte es geklingelt, da war Stefan schon an die Tür gesaust. »Mama, Mama, das ist bestimmt der Nikolaus, komm, mach auf, bitte!«, rief der Kleine ungeduldig. Corinna kam aus der Küche, das Geschirrtuch noch in der Hand. Sie schmunzelte über Stefans Impulsivität und Freude und war im Augenblick froh über ihre Idee, einen Nikolaus engagiert zu haben. Der Junge musste auf so vieles verzichten, da sollte er es heute einmal besonders schön haben.

Sie hatte die Anzeige in der Zeitung gelesen: »Suchen Sie für den 6. Dezember noch einen kinderlieben Nikolaus? Dann melden Sie sich bitte unter folgender E-Mail-Adresse …« Sie hatte ihm eine Mail geschrieben und auf gleichem Weg eine Bestätigung des gewünschten Termins erhalten. Den Sack mit den Geschenken hatte sie wie vereinbart gegen 18 Uhr vor der Wohnungstür deponiert.

Sie ging zur Tür, vergewisserte sich durch das Guckloch, dass es tatsächlich der Nikolaus war, schob dann den Riegel beiseite und öffnete.

»Bin ich hier richtig bei Stefan Schmidt?«, fragte der Nikolaus mit verstellter tiefer Stimme und blickte den Jungen an, der sich schon an seiner Mutter vorbeigedrängelt hatte.

Der Kleine nickte begeistert, während Corinna im gleichen Augenblick erstarrte. Das muss ein Irrtum sein, dachte sie, das kann doch nicht wahr sein. Ist das wirklich Klaus?

In der Zwischenzeit sprach der Nikolaus freundlich mit dem Jungen weiter.

»Kannst du denn auch ein Gedicht aufsagen?«

Stefan nickte artig und begann: »Lieber, guter Nikolaus, du kommst ja in jedes Haus ...« Dann verließ ihn vor lauter Aufregung sein Gedächtnis. Seine Mutter half mit zitternder Stimme: »Wo es brave Kinder gibt«, als sich der Nikolaus abrupt zu ihr umdrehte. »Corinna?«, entfuhr es ihm ungläubig. Die beiden sahen sich erschrocken an.

»Was ist denn jetzt, lieber Nikolaus, hast du mir denn nichts mitgebracht?«, Stefan wurde ungeduldig. »Doch, doch, natürlich, Kleiner«, antwortete der Nikolaus jetzt mit seiner natürlichen Stimme und spielte seine Rolle weiter, ohne dass er auf die Vollendung des angefangenen Gedichts Wert legte. Er holte ein großes Holzauto hervor, dann einen Teddybären und eine Tüte mit Marzipankartoffeln. Stefan liebte Marzipan über alles. Sofort riss er die Tüte auf und stopfte sich gleich drei Kugeln auf einmal in den kleinen Mund. Voll damit beschäftigt, das neue Auto in Gang zu setzen und die Ladefläche rauf und runter zu kurbeln, kriegte er nicht mit, dass sich der Nikolaus inzwischen seiner Mutter zugewandt hatte.

»Wie geht es dir, Corinna? Ich konnte doch nicht ahnen, dass du es bist, die mich engagiert hat. Schmidt heißen so viele in dieser Stadt«, entschuldigte er sich fast. »Hervorragend«, antwortete sie mit einem leicht bitteren Unterton. »Und dir?«, setzte sie spitz hinzu. »Ich komme zur Zeit ganz gut klar«, antwortete er leise. »Als Nikolaus?«, fragte sie zynisch. »Ja, unter anderem als Nikolaus und Weihnachtsmann. Aber vielleicht können wir uns darüber ein anderes Mal unterhalten«, sagte er ebenso leise, denn Stefan hatte sich inzwischen umgedreht und beobachtete die beiden.

»Mama, hast du denn auch etwas vom Nikolaus gekriegt?«, fragte Stefan neugierig. »Ja, früher einmal, heute bin ich erwachsen und du weißt doch, dass der Nikolaus nur zu Kindern kommt.« »Schade«, antwortete der Kleine, dann gebe ich dir was von meinem Marzipan ab.« Bei diesen Worten hielt er seiner Mutter die Tüte mit den Marzipankartoffeln hin.

Corinna war gerührt und erleichtert zugleich, das Gespräch mit Klaus einen Augenblick lang unterbrechen zu können.

Klaus war ihre große Liebe gewesen, als sie siebzehn gewesen war. Doch als er mit ihrer besten Freundin Andrea ein Verhältnis angefangen hatte, hatte sie den Kontakt zu beiden abgebrochen. Und jetzt stand dieser Klaus vor ihr, um ihren Kleinen zu bescheren. Ihr schwindelte.

»Wie alt bist du denn, Stefan?«, fragte der Niko(k)laus den Jungen. Der sah angesichts dieser Frage etwas hilflos zu seiner Mutter. »Er ist im Sommer drei geworden«, antwortete sie rasch. »Ein großer Kerl für dieses Alter«, staunte Klaus. »Er war schon bei der Geburt sehr groß«, erwiderte sie. »Und wo ist dein Mann jetzt?« »Ich bin nicht verheiratet«, antwortete Corinna, während sie leicht errötete, »Ich …« Weiter kam sie nicht, denn in diesem Augenblick klingelte es erneut. Corinna sah wieder erst durch den Späher und stöhnte leise. »Meine Mutter«, sagte sie fast tonlos, um mit lauter, fester Stimme an ihren Sohn gewandt zu rufen: »Die Oma kommt!«

»Oma, Oma, guck mal, was mir der Nikolaus gebracht hat!« Kaum hatte Corinna die Tür geöffnet, da war der Kleine seiner Oma auch schon um den Hals gefallen. Bevor sie auch nur den Mund aufmachen konnte, hatte er seine Habseligkeiten vor ihr ausgebreitet.

»Ach, der Nikolaus ist ja noch da, na, da haben Sie dem Jungen ja wirklich eine Freude gemacht. Er ist ganz schön aufgeweckt für seine viereinhalb Jahre, finden Sie nicht?« »Oma, Oma, hast du mir was mitgebracht?« Der Kleine wusste, dass die schwarze Handtasche seiner Großmutter immer etwas Gutes für ihn enthielt. »Aber natürlich, mein Schatz«, erwiderte sie und holte ein hübsch eingewickeltes Päckchen hervor, dessen Inhalt sich als ein Kinderpuzzle entpuppte. Und so dauerte es auch nicht lange, bis sich die fünfzig Teile auf dem Fußboden verteilt hatten.

Inzwischen war der Nikolaus fast so bleich geworden wie sein Wattebart. »Warum hast du vorhin gelogen?«, brachte er mühsam hervor. »Stefan ist mein Sohn, oder?« »Lass mich in Ruhe und geh jetzt bitte!«, flehte sie. »Aber …« »Geh jetzt bitte!« »Was ist denn, muss der Nikolaus noch zu anderen Kindern?«, schaltete sich Frau Schmidt senior ein.

»Um Himmels willen, ja, ich habe noch vier Termine«, beeilte sich der Nikolaus zu sagen. »Ich ruf dich an«, flüsterte er Corinna zu und verabschiedete sich von Stefan, der inzwischen mit dem Teddy spielte und quengelte, dass er Durst habe, was kein Wunder war, wenn man den erheblichen Schwund an Marzipan in der Tüte näher betrachtete. »Ich will dich nie wieder sehen!«, zischte Corinna und schloss schnell die Tür hinter ihm.

»Was denn, ist der Nikolaus einer deiner Bekannten? Wie kannst du nur so unfreundlich zu ihm sein«, mischte sich ihre Mutter jetzt ein, die nur den letzten Satz aufgeschnappt hatte.

»Kannst du bitte auf Stefan aufpassen, ich muss eine Weile an die frische Luft«, erwiderte Corinna, zog sich ihren Parka über und verschwand.

Das durfte alles nicht wahr sein. Sie hatte lange gebraucht, um Klaus zu vergessen. Viele ihrer Freundinnen hatten ihr seinerzeit zu einer Abtreibung geraten. »Corinna, du bist erst siebzehn, was willst du schon mit einem Kind?« »Mach deine Ausbildung fertig, verdirb dir nicht dein ganzes Leben!« »Es kommt noch mal ein anderer, mit dem du Kinder haben kannst.«

Sie hatte sich damals alles genau überlegt. Gerade erst hatte sie eine Ausbildung zur Bürokauffrau angefangen. Über hundert Bewerbungen hatte sie geschrieben, bis sie endlich, fast entmutigt, einen guten Ausbildungsplatz bekommen hatte. Dann kam der Befund vom Frauenarzt. Was sollte sie tun? Wovon sollte sie leben? Bei ihrer Mutter konnte sie das Kind unter der Woche nicht lassen, die war selbst noch berufstätig, und in eine Kinderkrippe wollte sie es im ersten Lebensjahr nicht geben. Einige

Freundinnen hatte ihr Mut gemacht: »Wenn du das Kind unbedingt behalten willst, dann gibt es da auch noch die unterschiedlichsten Unterstützungen.« Aber damit hatte Corinna ihre moralischen Probleme. Sie selbst hatte die Pille vergessen und gehofft, dass nichts passieren würde. Die Folgen ihrer eigenen Nachlässigkeit konnte sie doch nicht dem Sozialamt und damit letztlich dem Steuerzahler aufbürden.

Ich muss für die Folgen meines Handelns selbst aufkommen, hatte sie sich gesagt und die Ausbildung abgebrochen. Tagsüber war sie für den Kleinen da, zweimal in der Woche kam ihre Mutter abends und hütete ein. An den anderen drei Abenden hatten ihre drei Freundinnen abwechselnd den Babysitterdienst übernommen. In dieser Zeit ging sie kellnern. Meist hatte sie bis gegen zwölf Uhr nachts zu tun. Stefan schlief dann bereits, wenn sie heimkam. Oft aber war er gegen fünf Uhr morgens schon wieder aktiv, sodass sie monatelang völlig übermüdet war.

Aber sie hatte es geschafft. Inzwischen besuchte Stefan die Kindertagesstätte, sodass sie tagsüber arbeiten gehen konnte und ihre Mutter und ihre Freundinnen nicht mehr zu kommen brauchten. Sie war stolz auf sich.

Und nun erschien plötzlich der Kindsvater in Gestalt des Nikolaus und brachte alles wieder durcheinander. Sie verfluchte innerlich den Augenblick, als sie ihm den Auftrag für den Besuch bei ihr gegeben hatte. Aber wie hätte sie auch ahnen können, wer sich hinter dem Kostüm verbarg.

Schon am nächsten Tag rief er an. Corinna war wütend. »Ich habe dir doch gestern klipp und klar gesagt, dass ich nichts mehr von dir wissen will!« »Bitte,

Corinna, lass uns doch wenigstens miteinander reden!« »Wie geht es denn Andrea?« Corinnas Tonfall war bitter. »Ich habe keine Ahnung, das war doch nur eine Affäre damals.« »Hast du mit ihr auch ein Kind gezeugt und dich anschließend verdrückt?« »Corinna, ich wusste doch nicht … , es tut mir leid.« »Mir auch«, erwiderte sie und drückte das Gespräch weg.

Die Wochen bis Weihnachten vergingen wie im Fluge. Wenn sie Stefan am frühen Abend aus der Kindertagesstätte abgeholt hatte, unternahm sie meistens etwas mit ihm. Einmal bummelten sie über den Weihnachtsmarkt, wo er mit großen Augen all die bunten Buden bestaunte. Sie wunderte sich, dass so ein kleiner Magen abwechselnd Bratwürste, Waffeln und Schokoküsse vertrug. Auch das Karussell stieß auf wachsende Begeisterung und riss ein erhebliches Loch in Corinnas bescheidenes Budget.

Ein anderes Mal besuchten sie das große neue Kaufhaus im Zentrum der Stadt. Nachdem Corinna bei der Gelegenheit einige ihrer Weihnachtseinkäufe erledigt hatte, fuhren sie mit dem Lift in die Spielwarenabteilung in der dritten Etage. Dort waren zahlreiche Stofftiere aufgebaut, die sich durch einen geheimnisvollen Mechanismus bewegten. Während Teddybären Plätzchenteig auszurollen schienen, nickte ein großer grauer Esel gleichmäßig mit dem Kopf und stieß dabei regelmäßig ein deutlich vernehmbares »Iah« aus.

Mindestens eine Stunde lang betrachtete Stefan fasziniert die so lebendig inszenierte Tierwelt. Corinna ließ ihm Zeit. Sie freute sich, dass ihr immer wieder etwas einfiel, das ihm Freude bereitete. Und wenn sie ihren Sohnemann da so stehen und staunen sah mit der ganzen Kraft kindlicher Begeisterungsfähigkeit, dann war sie doppelt froh, ihn nicht abgetrieben zu haben, auch wenn sie selbst gern öfter die Gelegenheit gehabt hätte, am Wochenende einmal in die Disco zu gehen.

Trotz all ihrer Aktivitäten kreisten ihre Gedanken immer wieder um Klaus. Wenn sie ihn doch bloß nicht wiedergesehen hätte.

Endlich war Heiliger Abend. Den Nachmittag verbrachten sie auch in diesem Jahr wieder bei Corinnas Mutter, die sich wie immer die größte Mühe gegeben hatte, es für ihre Tochter und den Enkel so schön wie möglich zu machen. Mit großen Augen stand Stefan vor dem im Kerzenglanz strahlenden Weihnachtsbaum. Nur die Verlockung der selbst gebackenen Marzipantorte konnte ihn vorübergehend an den festlich gedeckten Kaffeetisch bringen. Und als er später auch noch den großen grauen Plüschesel bekam, den er im Kaufhaus so ausgiebig bestaunt hatte, war seine Kinderseele vollends glücklich.

Corinna freute sich über den roten Rollkragenpullover, den ihr die Mutter gestrickt hatte. Sie hörten Weihnachtslieder, plauderten und spielten. Nach dem Abendessen verabschiedeten sich Corinna und Stefan. Am späteren Abend kam noch eine alte Freundin zu ihrer Mutter, da wollte sie nicht stören.

Zu Hause setzte sie sich mit Stefan noch eine Weile ins Wohnzimmer. Sie las ihm eine Geschichte vor, während der er einschlief. Corinna legte das Buch beiseite. Was für ein schöner und friedlicher Tag war das gewesen, ging es ihr durch den Kopf.

Im gleichen Augenblick klingelte es. Wer kann denn das noch sein, dachte sie. Auch Stefan war plötzlich wieder hellwach. »Ob

das der Weihnachtsmann ist?«, rief er, rannte zur Tür und riss sie weit auf, obwohl Corinna ihm das schon mehrfach untersagt hatte.

Und in der Tat: Da stand der Weihnachtsmann. Raffiniert, dachte Corinna. Klaus weiß genau, dass ich ihn in dieser Verkleidung vor Stefans Augen nicht hinauswerfen kann. »Sieh mal, was ich dir mitgebracht habe!«, sagte der Weihnachtsmann, ohne zu so später Stunde noch ein auswendig gelerntes Gedicht zu erwarten, und holte ein großes rotes Feuerwehrauto aus dem Jutesack. »Und für deine Mama habe ich heute auch ein Geschenk.« Aber das hörte der Junge vor lauter Begeisterung über die Sirene des Feuerwehrautos schon nicht mehr.

»Für dich!« Klaus drückte Corinna ein kleines Päckchen und einen Briefumschlag in die Hand. Wie in Trance riss sie das Geschenkpapier von der kleinen Schachtel und öffnete sie. Der Anblick eines wundervoll gearbeiteten goldenen Ringes mit einem kleinen Diamanten in der Mitte verschlug ihr für einen Augenblick die Sprache.

Dann reichte sie Klaus energisch die Schachtel zurück. »Das will ich nicht«, sagte sie mit fester Stimme. »Lies bitte den Brief!«, bat er. Sie öffnete den Umschlag und entnahm ihm eine wunderschöne Karte mit einem Motiv von Klee, dem Maler, dessen Bilder sie so gern mochte.

Liebe Corinna,

ich habe viele Dummheiten gemacht und das bereue ich sehr. Es ging mir damals immer nur darum, meinen Spaß zu haben, ohne dass ich das Gefühl von Verantwortung hatte. Du kennst mich nur noch als den, der seine Ausbildung abgebrochen hatte und um die Häuser gezogen ist. Aber diese Zeiten sind endgültig vorbei. Der selbst verschuldete Unfalltod eines guten Kumpels vor vier Jahren hat mich zum Nachdenken über mein Leben gebracht. Ich habe mich dann für ein Jahr beim Bundesfreiwilligendienst verpflichtet und in einem Heim für Kinder mit Behinderungen gearbeitet. Dabei habe ich erfahren, was Beziehung, Liebe und Verantwortung für menschliches Leben bedeuten. Inzwischen habe ich an der Abendschule meine Fachhochschule nachgeholt und studiere Elektrotechnik. Meinen Lebensunterhalt finanziere ich durch Taxifahren oder andere kleine Jobs. Dabei trete ich bisweilen als Nikolaus auf. Ich bitte dich: Verzeih mir, wie ich mit dir umgegangen bin, und gib uns beiden noch eine Chance. Ich liebe dich immer noch.

Corinna legte den Brief aus der Hand. »Ich muss das Kind ins Bett bringen.« Bei diesen Worten packte sie Stefan an der Hand. »Hast du ein Bier für mich?« »Im Kühlschrank«, erwiderte sie und wies in Richtung Küche. Der völlig übermüdete Stefan schlief, zusammen mit dem großen Stoffesel, an den er sich zärtlich kuschelte, sofort ein.

Corinna und Klaus aber saßen in dieser Nacht noch lange im Wohnzimmer, redeten und stritten miteinander, erzählten sich Ereignisse der vergangenen Jahre, weinten und lachten und schlossen einander schließlich in die Arme.

Als Stefan am nächsten Morgen aus dem Bett gekrabbelt und auf nackten Füßen über den Flur geschlichen war, staunte er jedenfalls nicht schlecht, dass in der

Garderobe der rote Mantel des Weihnachtsmannes hing, und dass er, nach einem neugierigen Blick ins Schlafzimmer der Mutter, dort einen fremden Mann erblickte. Ohne weißen Bart und rote Mütze konnte das aber unmöglich der Weihnachtsmann sein.

Völlig irritiert zog er die Schlafzimmertür wieder zu und ahnte in seinem kleinen Leben das erste Mal, dass Weihnachten das Fest der unerklärbaren Geheimnisse und alles verändernden Überraschungen ist.

Manchmal
geschehen Wunder,
die das Leben
von Grund auf
verändern –
oft gerade dann,
wenn du selbst
am wenigsten
daran glaubst.

Als ein Stern vom Himmel fiel

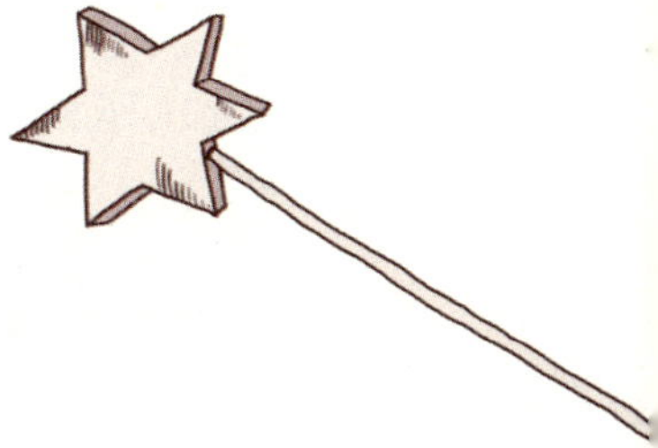

Es war wie in jedem Jahr am Freitagnachmittag vor dem vierten Advent: Im Gemeindesaal fand die Generalprobe für das Krippenspiel statt, das am Samstagabend in der Kirche aufgeführt werden sollte. Alles funktionierte wie am Schnürchen, bis Jan, der neue Jugendgruppenleiter, erschrocken rief: »Wir haben gar keinen Stern.« »Ich kann noch einen basteln«, meinte Julia, wir haben zu Hause genug Pappe und Papier, da ist sicher auch gelbes darunter.« Aber Jan schüttelte zögernd den Kopf. »Wo ist denn der Stern vom vergangenen Jahr?«, wollte er wissen. »In den letzten Jahren haben wir den Stern mit dem Spotlicht über den Himmel wandern lassen. So konnte man genau verfolgen, wie der Stern den Heiligen Drei Königen vorangezogen ist. Entsprechend sind auch die Texte«, erläuterte Paul:

> »Ein Stern zieht uns voran –
> wir folgen seiner Himmelsbahn.
> Den Weg weist er mit seinem Licht;
> wir hoffen, er verlässt uns nicht.

Wohin wird unsere Reise gehen,
was werden wir am Ende sehen,
wo ist das Ziel von unserem Stern?
Wir wüssten es doch gar zu gern.

Über dem Stall ist das Licht dann zur sichtbaren Überraschung der Könige stehen geblieben.« »Und warum können wir das in diesem Jahr nicht ebenso machen?« »Weil die Beleuchtungsanlage in der Kirche kaputt ist«, erklärte Lars. »Aber das ist sie doch schon so lange.« Lisa war wütend. »Wahrscheinlich kein Geld«, meinte Jan. Schließlich einigten sich die jungen Leute darauf, dass Julia auf die Schnelle noch einen Kometen aus Pappe basteln sollte; die Aufgabe des hoch gewachsenen Leon würde es dann sein, den Stern an einer langen Stange vor den Königen herzutragen. Nachdem diese Frage geklärt war, gingen die Proben störungsfrei weiter.

»Ein Stern aus gelber Pappe an einer Bohnenstange, haben die Menschen denn vor gar nichts mehr Respekt?« Es war ein besonders vorwitziges Sternchen, das an diesem hellen, stillen Winterabend dem Treiben auf der Erde zugesehen und hier und da ein wenig gelauscht hatte. Es war tief gekränkt. »Wenn man uns aus Papier basteln kann, dann können wir hier oben gleich einpacken.« Doch dann kam ihm eine Idee. »Denen werde ich morgen einmal zeigen, was ein richtiger Stern ist«, dachte es bei sich.

Der Himmel war angesichts dessen, dass fast Vollmond war, hell genug, sodass sein kurzfristiges Fehlen gar nicht auffallen würde. »Mir wird bei dem Abflug gen Erden schon kein Zacken herausfallen«, machte er sich für sein geplantes Abenteuer selbst Mut.

Und so geschah es, dass sich der kleine Stern am Samstag bei Anbruch der Dunkelheit vom Himmel herabfallen ließ. Doch er hatte die Rechnung nicht mit dem Wind gemacht. Und anstelle auf dem Marktplatz des kleinen Ortes vor der Kirche zu landen, verfing er sich im Wald in einer verschneiten Baumkrone. »Ach, du liebe Zeit, wie komme ich denn jetzt aus diesem Gestrüpp heraus«, dachte er. Er reckte, streckte und schüttelte sich, doch je mehr Anstrengungen er unternahm, um sich zu befreien, desto enger schienen sich die Äste und Zweige um ihn zu legen.

Er war verzweifelt. Zudem wurde ihm allmählich kalt. Wenn er hier nicht bald herausgelangte, würde das Krippenspiel ohne ihn stattfinden.

Da sah er, wie sich unten etwas bewegte. Und richtig: Ein einsamer Wanderer zog seines Weges. »He du!«, rief der Stern, »kannst du mir mal eben bitte helfen?« Der Wanderer war nicht wenig erschrocken, als er nach oben blickte und einen Stern in den Wipfeln erspähte. Das erlebte man schließlich nicht alle Tage.

»Wie soll ich dir denn helfen?«, fragte der Mann. »Schüttle doch bitte mal an dem Baumstamm, damit ich herunterfalle!« Der Wanderer tat sein Bestes, doch der Stamm bewegte sich nicht einen Millimeter. »Tut mir leid.« Der Mann zuckte mit den Schultern und setzte seinen Weg fort.

Der Stern wurde immer verzweifelter. Er war schon ganz starr vor Kälte. Nach einiger Zeit sah er, wie ein Kind den Waldweg entlanglief. »He du!«, rief der Stern wieder, »kannst du mir helfen?« »Ich bin eh zu spät dran«, erwiderte das Kind, »meine Eltern werden sowieso schon mit mir schimpfen, weil ich erst im Dunkeln nach Hause komme. Ich darf mich nicht noch mehr verspäten.«

»Dann sagst du, dass du unterwegs noch einen Stern aus einer Baumkrone befreit hast.« »Wer soll mir das denn glauben?«, lachte das Kind. »Aber ich will es kurz versuchen.« Es kletterte den Stamm hinauf, doch kurz bevor es die Krone erreicht hatte, rutschte es ab und fiel zu Boden. »Au«, stöhnte es ... »jetzt habe ich mir auch noch meine Kleider zerrissen und die Knie aufgeschlagen.« Leise wimmernd humpelte es davon. Jetzt war es in der Seele des Sterns zappenduster geworden. Wie sollte er hier je wieder freikommen. »Das ist das Ende meiner Himmelskarriere.« Bei diesem Gedanken kullerte eine dicke Träne zu Boden. »Nanu, es ist doch ganz klarer Himmel, wo kommt denn der Regentropfen her?« Es war der Weihnachtsmann, der mit seinem schwer beladenen Schlitten durch den Wald zog. Er blickte nach oben und traute seinen Augen nicht. »Ja, träume ich?«, rief er erstaunt aus.

Da erwachte der Stern aus seiner Traurigkeit. »Ach bitte, bitte hilf mir!«, rief er gequält. »Schüttle den Baum oder komm zu mir herauf!« »Dazu bin ich zu alt«, erwiderte der Weihnachtsmann. »Aber ich muss hier doch irgendwie wieder herauskommen!« »Weshalb bist du denn zur Erde gefallen?« »Ich wollte in der Kirche beim Krippenspiel der Stern sein, weil die unsereinen dort sonst durch Pappe ersetzen – das geht doch nicht.«

Die Stimme des Sternchens klang jetzt mehr als kläglich. »Nein, das geht wirklich nicht«, stimmte ihm der Weihnachtsmann zu. »Weißt du, jetzt denkst du ganz fest daran, dass du den Heiligen Drei Königen den Weg zur Krippe weisen willst. Eine schönere Aufgabe kann es doch für einen Stern gar nicht geben, als Menschen den Ort zu zeigen, wo ihre Rettung Gestalt gewinnt. Denke an nichts anderes – du wirst schon sehen.«

Rettung, dachte der Stern, Erlösung von allem, was einen gefangen hält. Er atmete tief durch. Und dann wurde ihm vor Freude so warm ums Herz, dass die Schneeflocken um ihn herum schmolzen. Allmählich löste sich die Anspannung der letzten Stunden. Was ihm bei all seinen Anstrengungen nicht gelungen war, schien jetzt ganz leicht zu gehen. Er spürte, wie die Zweige nachgaben und ihn freiließen. Und schon landete er strahlend direkt auf dem Schlitten des Weihnachtsmannes. »Jetzt müssen wir uns beeilen, damit du noch rechtzeitig zur Aufführung kommst«, brummte der Weihnachtsmann.

Als sie das Dorf erreichten, läuteten schon die Glocken. Verstohlen sauste das Sternchen durch die Sakristei in die Kirche und versteckte sich hinter dem Altar. Das Krippenspiel lief dann vor der voll besetzten Kirche zunächst ab wie gewohnt.

Hirten und Engel hatten die Bühne bereits wieder verlassen, sodass endlich die Könige an die Reihe kamen. In dem Augenblick, als Leon mit dem an die Bohnenstange geklebten Pappstern auf die Bühne trat, bekam er einen kräftigen Schups von der Seite. Der Junge stolperte, sodass ihm die Holzstange aus den Händen fiel. Der Pappstern löste sich und kullerte die Treppen des Altarraums hinunter.

Durch die Gemeinde ging ein Raunen. Doch bevor irgendjemand einen klaren Gedanken fassen konnte, leuchtete das echte Sternlein schon den gemächlichen Schritten der Könige voran zum Stall. Die ganze Kirche war von einem wundersamen Glanz erfüllt, der das Herzen eines jeden berührte. Es ist, als würde das Jesuskind heute und hier geboren, dachte mancher in der Gemeinde im Stillen, ohne dass er ausmachen konnte, woher das geheimnisvolle Licht rührte. Schließlich waren die Könige an der Krippe angelangt und sprachen gemeinsam die dritte Strophe ihres Textes:

»Hier bleibt er stehen, unser Stern,
wir beugen unsere Knie gern
vor unserm Heiland Jesus Christ,
der unser aller Retter ist.«

Als das Sternlein die Worte »unser Stern« hörte und zum zweiten Mal an diesem Tag etwas von »Rettung« vernahm, strahlte es heller als je zuvor. Vor Freude versprühte es einen wahren Sternschnuppenregen. Und alle, auch diejenigen, die von derlei abergläubischen Sitten nichts hielten, träumten in der Stille von ihren sehnlichsten Wünschen. Ob bis heute einige davon in Erfüllung gegangen sind, ist allerdings nicht bekannt.

Durchatmen
und der Freude
Raum geben im Herzen
für das Schönste,
das man sich vorstellen kann.
Im Traum vom Glück
lösen sich die Anspannungen
wie von selbst,
und man kann wieder
strahlen und leuchten
und leben.

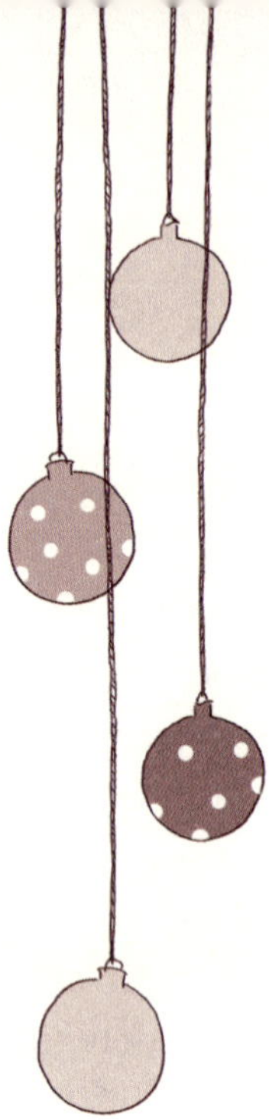

Himbeertorte mit Marzipan

»Guten Morgen, Kinder!« Mit Schwung betrat Frau Hartwig das Klassenzimmer der 4a. »Ruhe, jetzt«, rief sie, »hoffentlich seid ihr bald auf euren Plätzen!«

Die Lehrerin nahm ein Stück weiße Kreide und schrieb »Julklapp« an die Tafel. »Wer hat das Wort schon einmal gehört?«, fragte sie. Einige Kinder streckten die Finger. »Ja, Jonas, was weißt du darüber?« »Wir haben im letzten Jahr in meiner früheren Klasse vor Weihnachten eine Julklappfeier gemacht«, sagte er. »Jeder aus der Klasse hat seinen Namen auf einen kleinen Zettel geschrieben, dann hat der Klassensprecher alle Zettel eingesammelt. Anschließend durfte jedes Kind einen Zettel ziehen.« »Und dann macht der dem Kind, dessen Namen er gezogen hat, ein kleines Geschenk«, rief Steffi ungefragt dazwischen. »Cool«, rief Niklas, was, wie so häufig, der einzige Beitrag war, den er zum Unterricht lieferte. In der letzten Reihe streckte Lene noch den Finger: »Die Begriffe ›Julklapp‹ und ›Julfest‹ bezeichneten bei den alten Germanen das heidnische Fest zur Sonnenwende im Winter und gingen später, als die Menschen Christen geworden waren, auf das Weihnachtsfest über.«

»Gut Lene, woher weißt du das denn?« »Das habe ich gelesen«, erwiderte das stille Mädchen. Lene kam aus sehr bescheidenen Verhältnissen. Sie wurde von den anderen Kindern oft wegen ihrer unmodernen Kleidung gehänselt, die zwar stets sauber, aber schon von ihren beiden älteren Schwestern getragen worden war. Durch besonders gute Leistungen und ein hohes Maß an Hilfsbereitschaft bemühte sie sich, sich trotzdem in der Klasse zu behaupten, wurde dann aber von den anderen Kindern als Streberin bezeichnet und gerade deswegen abgelehnt.

Stichwortweise hielt die Lehrerin die Begriffe und Erklärungen an der Tafel fest. »In den nordischen Sprachen, dem Dänischen, Schwedischen und Norwegischen, bedeutet Jul auch heute noch Weihnachten«, ergänzte Frau Hartwig.

Diese Ausführungen interessierten die Klasse allerdings herzlich wenig, auch wenn sie sie zähneknirschend von der Tafel in ihr Heft übertragen mussten. »Und warum erzählen Sie uns das alles?«, rief der vorlaute Timo dazwischen. »Wenn ihr mit Abschreiben fertig seid, werde ich euch das erklären«, erwiderte Frau Hartwig freundlich, aber bestimmt.

»Wir wollen auch so eine Julklappfeier machen, wie Jonas sie im letzten Jahr in seiner früheren Klasse erlebt hat!« Laura und Michelle, die beiden Besten in der Klasse, waren längst mit Abschreiben fertig und ganz aufgeregt. »Das besprechen wir, wenn auch der Letzte endlich soweit ist«, erwiderte Frau Hartwig und sah etwas besorgt auf Bob, der erst seit diesem Schuljahr in der Klasse war. Seine Mutter war mit ihm aus Afrika gekommen. Er wurde von den anderen Kindern aufgrund seiner mangelnden

Sprachkenntnisse und seiner Hautfarbe oft gehänselt, auch wenn Frau Hartwig alles tat, um die Kinder zu Toleranz zu erziehen.

Endlich aber hatte auch Bob die Sätze von der Tafel so halbwegs richtig in sein Heft übertragen. »Laura und Michelle meinten vorhin, wir sollten jetzt, in der Vorweihnachtszeit, auch eine Julklappfeier machen. Genau das wollte ich euch vorschlagen. Wenn ...« Weiter kam Frau Hartwig nicht. »Cool«, »echt geil«, »hoffentlich ziehe ich dann nicht Lea, die alte Zicke«, riefen die Kinder aufgeregt wild durcheinander. »Dem Bimbo da vorne kaufe ich ein Stück Seife, vielleicht wird er dann auch weiß«, lachte Lukas und kassierte für diese Äußerung sofort eine saftige Strafarbeit. Zum Glück hatte Bob diese Bemerkung offensichtlich nicht mitbekommen. »Wenn ihr nicht sofort Ruhe gebt, machen wir gar nichts.« Das wirkte. Die Klasse wusste aus Erfahrung, dass ihre Lehrerin solche Sätze nicht nur zum Spaß sagte, sondern auch konsequent einhielt, und wurde ruhig. Frau Hartwig erklärte: »Wir sollten eine preisliche Grenze festsetzen, damit nicht der eine etwas für zehn Euro bekommt und die andere nur ein Päckchen Kaugummi.« Nach einer erneuten hitzigen Diskussion, in der es phasenweise doch wieder drunter und drüber ging, einigte man sich auf drei Euro. »Es muss ja nichts Gekauftes sein«, meinte die Lehrerin. »Vielleicht könnt ihr ja auch selbst etwas basteln.« Dieser Vorschlag stieß allerdings weitgehend auf taube Ohren. »Der Sinn der Sache ist, dass ihr euch wirklich Gedanken macht über das Kind, dem ihr etwas schenken wollt. Ihr sollt nicht einfach nur in den

nächsten Laden rennen und irgendetwas kaufen, sondern euch überlegen, was dem Mädchen oder dem Jungen, dessen Namen ihr gezogen habt, auch wirklich Freude macht.«

Der Klasse gingen alle diese Erläuterungen viel zu weit. Sie wollten zur Tat schreiten. Endlich gab es dafür grünes Licht. Frau Hartwig teilte kleine Zettel aus. Die mit den Namen der Kinder beschriebenen und zusammengefalteten kleinen Zettel gelangten anschließend in einen Korb, der nun reihum ging. Wieder entstand Unruhe in der Klasse. »Ausgerechnet den Blödmann!«, »oh toll!«, »was soll ich der denn schenken?« und ähnliche Bemerkungen kommentierten den Vorgang. Dann läutete es und die Kinder stürmten auf den Schulhof.

Die nächsten zwei Wochen verliefen wie immer: Rechnen und Lesen, Arbeiten schreiben, dazwischen einige Weihnachtslieder in der Musikstunde.

Endlich war es soweit. Der letzte Schultag hatte begonnen. Nach dem gemeinsamen Weihnachtsgottesdienst in der Aula versammelten sich die Klassen in ihren Klassenzimmern. Frau Hartwig hatte, zusammen mit einigen Schülerinnen und Schülern, dafür gesorgt, dass alles hübsch weihnachtlich geschmückt war. Die Tische und Stühle waren zu einer langen Tafel zusammengestellt, die mit Tannenzweigen und Bastelarbeiten geschmückt waren. Zwischen roten Kerzen standen Teller mit Weihnachtsgebäck. Alle Geschenke, fein säuberlich mit einem Zettel für den entsprechenden Adressaten versehen, waren in einem Sack verschwunden, den Frau Hartwig von zu Hause mitgebracht hatte.

Zunächst wurde gesungen, dann las Frau Hartwig eine Weihnachtsgeschichte vor. Schließlich durfte jedes Kind in den Sack greifen und einem anderen das Päckchen überreichen, dessen Namen auf dem entsprechenden Kärtchen stand. Unter Lachen und Johlen wurden die Geschenke ausgewickelt und mit Freude oder Buhrufen kommentiert. »Und jetzt machen wir eine Runde, in der jede und jeder ihr oder sein Geschenk zeigt«, mahnte die Lehrerin zur Ruhe. Maria zeigte einen kleinen Teddy, der zu einem Schlüsselanhänger gehörte, der freche Frank eine Tasse mit dem Aufdruck: »Ich bin der Größte.« Die vergessliche Sylvia hatte einen Kalender mit Rätseln bekommen und der ewig hungrige Max strahlte über eine riesige Tüte mit Weihnachtsgebäck.

Dann kam Bob an die Reihe. »Ich nix zeigen«, sagte der Junge bestimmt. Ach, du liebe Zeit, dachte Frau Hartwig, ob der nichts bekommen hat? Im gleichen Augenblick nahm sie wahr, dass Lene rot wurde. Sie wusste, dass Lene zu den armen Kindern in der Klasse gehörte. Ob sie kein Geld gehabt hatte, Bob etwas zu kaufen? Andererseits hatte sie die Geschenke durchgezählt. Vierundzwanzig Kinder waren in der Klasse und vierundzwanzig Päckchen hatten in dem Sack gelegen. Oder hatte sie sich verzählt? »Hast du nichts bekommen, Bob?«, fragte die Lehrerin besorgt. »Dann habe ich etwas für dich.« Sicherheitshalber hatte sie noch einige Kleinigkeiten eingewickelt und eingesteckt. Nach ihrer bis-

herigen Erfahrung hatte immer mal ein Kind vergessen, ein Geschenk zu besorgen, hatte nicht die Mittel dazu oder war am letzten Schultag erkrankt. Aber Bob wehrte ab, als Frau Hartwig ihm ein kleines Päckchen hinhielt. »Geschenk gut«, strahlte er, »nix zeigen.« Damit war für ihn das Thema erledigt. »Wir wollen das akzeptieren«, meinte Frau Hartwig leicht verlegen und fuhr etwas verunsichert fort: »Wer mag uns denn noch zeigen, was er bekommen hat?« Unbekümmert erzählten die anderen Kinder weiter. Was interessierte sie schon der schwarze Fremde. Zum Schluss wurde noch einmal gesungen, dann war die Feier zu Ende, die Kerzen wurden gelöscht, und es fanden sich sogar noch ein paar Freiwillige, die halfen, das Klassenzimmer aufzuräumen. Auch Bob und Lene waren dabei. Als sie fertig waren, packte Frau Hartwig ihre Sachen zusammen und stellte fest, dass Bob noch in der Tür stand. »Hast du noch etwas auf dem Herzen?«, fragte sie den Jungen. »Lene«, sagte er nur und signalisierte damit, dass er auf das stille Mädchen wartete, das vom Fußboden noch ein paar silberne Sterne aufgehoben hatte. »Frohe Weihnachten!«, rief die Lehrerin den Kindern zu und ging, nicht ganz unbesorgt, in Richtung Konferenzraum.

»Komm«, sagte Bob zu Lene, die schließlich mit rotem Kopf unter den Bänken auftauchte. »Ich hatte kein Geld, dir etwas zu kaufen«, sagte Lene voller Scham und in der Hoffnung, dass der fremde Junge sie verstand. »Du gut Geschenk für mich, ich verstehe«, sagte er und deutete auf den Brief in seiner Hand. Auf der Karte, die Lene mit wunderschönen Tannenzweigen bemalt hatte, stand:

Lieber Bob,
ich habe kein Geld, um dir ein Geschenk zu kaufen. Ich wüsste auch gar nicht, worüber du dich freuen würdest. Aber ich schenke dir, dass ich im nächsten Jahr jede Woche einen Nachmittag lang mit dir die deutsche Sprache üben werde, damit dich keiner in der Klasse mehr auslacht.

Lene

»Hast du meinen Brief verstanden?« Das Mädchen sah ihn fragend an. »Du lernst mir deutsch Sprache. Das groß Geschenk, besser wie Tasse oder Kekse. Ich dich jetzt einladen zu Schokolade in Café, ich noch haben Rest von Taschengeld.« Lene schüttelte den Kopf. »Ich bin nicht gut genug angezogen für ein Café.« Sie schämte sich ihrer unmodernen und etwas abgeschabten Kleidung.

»Nix da, du schön«, lächelte Bob wie ein alter Kavalier. »Du groß Geschenk für mich, ich dir auch Geschenk machen«, erwiderte er bestimmt und packte das unsichere Mädchen fest an der Hand.

Eine Viertelstunde später betraten sie ein hübsches kleines Café. Lene staunte über die rot gepolsterten Sesselchen und das riesige Tortenbuffet. Ganz erschrocken über die feine Umgebung und voller schlechtem Gewissen Bob gegenüber begann sie sofort mit ihrem Sprachunterricht. »Himbeertorte«, sagte sie und wies auf einen köstlich aussehenden Kuchen mit saftigen roten Früchten und einem gespritzten Makronengitter. »Imbeer-dor-de«, wiederholte Bob und lachte.

Dann setzten sich die beiden und Bob bestellte: »Bitte zwei Schokolade, trinken.« Die Kellnerin kam und stellte zwei köstlich duftende große Tassen mit heißer Schokolade und einem Tupfer Schlagsahne vor sie auf den Tisch. Eben wollte Lene dieses Wunder kosten und genießen, als die Kellnerin noch einmal auftauchte, dieses Mal mit zwei Tellern mit je einem Stück Himbeertorte in der Hand.

»Nix Kuchen, nix Geld«, sagte Bob, ebenso erschrocken wie Lene, und kramte seine gesamte Barschaft in Form von fünf Euro und zwanzig Cent aus seiner Hosentasche hervor.

»Aber ihr habt doch gesagt: Himbeertorte«, entrüstete sich die Kellnerin unwirsch. »Ich versuche, ihm die deutsche Sprache beizubringen«, erwiderte Lene, »und das erste Wort war Himbeertorte, weil die so besonders gut aussieht«, ergänzte sie scheu mit einem sehnsüchtigen Blick auf den herrlich duftenden Kuchen. »Entschuldigen Sie bitte das Missverständnis, Sie können die Torte bestimmt noch anderen Gästen verkaufen.« »Ja, dann«, die Kellnerin drehte sich ärgerlich mit dem Kuchen in der Hand um. Plötzlich aber kam sie zurück. Ihr Gesichtsausdruck war völlig verändert. »Weil übermorgen Weihnachten ist«, sagte sie freundlich zu den verdutzten Kindern, »den spendiere ich euch.«

Lene hatte das Gefühl, im Paradies zu sein. Noch nie hatte sie in einem Café gesessen und heiße Schokolade getrunken. Zudem durfte sie jetzt auch noch diese köstliche Torte verspeisen. Und sie hatte in der Klasse einen Freund gefunden, einen, der sie und ihre Fähigkeiten brauchte und dessen Gesellschaft im nächsten Jahr ihre freudlosen Nachmittage durchbrechen würde, an denen sie manchmal auf die jüngeren Geschwister aufpassen musste oder allein in ihrem Zimmer saß und las.

Bob sah das Leuchten in den Augen seiner neuen kleinen Freundin und packte ihre Hand. »Du gut Mensch«, sagte er und strahlte sie an. Und so feierten die beiden Kinder Hand in Hand Weihnachten auf ihre Art, am 22. Dezember, mittags um 12 Uhr, bei heißer Schokolade und Himbeertorte mit Marzipan.

Das schenken,
was sich der andere
nicht selbst geben kann:
Zeit und Zärtlichkeit,
Liebe und Licht,
damit das Leben
reich wird
an Segen.

Vom Stern, der Licht ins Leben bringt

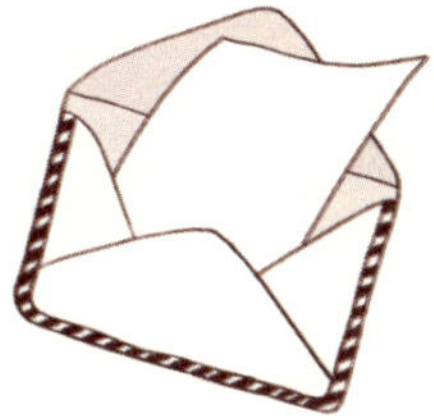

Kurz vor Weihnachten erreichte mich ein merkwürdig anmutender Brief ohne Absender. Obwohl ich meine Weihnachtspost normalerweise bis zum Heiligen Abend aufhob, öffnete ich ihn voller Neugier. Als ich den Bogen aus dem Umschlag zog, fiel ein metallenes Sternchen zu Boden.

Das ist ja eine hübsche Überraschung, dachte ich. Schnell bückte ich mich nach dem kleinen Stern, doch im gleichen Augenblick flog er vor mir her und setzte sich auf die Gardine. Was ist denn das, wunderte ich mich und schüttelte an dem Vorhang; im selben Moment aber funkelte er bereits zwischen den Tannenzweigen des Adventsgestecks auf dem Tisch. Ich versuchte, ihn dort zu packen, doch schon befand er sich auf dem Kragen meiner Bluse.

»Hör endlich auf, mich zu behandeln wie ein lästiges Insekt!«, ließ er sich vernehmen. »Was willst du denn?«, fragte ich leicht irritiert.

Doch, anstatt zu antworten, zwinkerte er mir nur geheimnisvoll zu. Kurz darauf entdeckte ich ihn auf meinem Bücherregal, wo er auf wundersame Weise einen bestimmten Buchrücken anstrahlte. Es war eine Weile her, dass ich zuletzt in diesem Buch gelesen hatte. Ich nahm es hervor, setzte mich an meinen Schreibtisch und blätterte darin. Unvermittelt schlug ich einen Text auf, den ich zwar kannte, der aber erst in diesem Augenblick zu mir zu sprechen begann.

Ich war noch in Gedanken versunken, als das Sternchen zu einem meiner Fotoalben schwebte. Sein geheimnisvolles Leuchten wies mich dieses Mal an, mich mit bestimmten Bildern intensiv zu befassen. Erinnerungen an besonders glückliche Zeiten stiegen in mir auf und wurden vor meinem inneren Auge wieder lebendig.

Doch der Stern ließ mir auch danach keine Ruhe. Schon hockte er auf einem Pappkarton, in dem ich alte Briefe verwahrte. Ich nahm einen nach dem anderen heraus, bis er einen vergilbten Umschlag erhellte. Die Zeilen einer Freundin aus längst vergangenen Tagen berührten mich in besonderer Weise.

Mir war inzwischen unheimlich zumute. Woher wusste der Stern von den Geheimnissen meiner Seele?

Bevor ich Muße hatte, darüber weiter nachzudenken, hatte er sich im Wohnzimmer in der bereits aufgestellten Krippe unmittelbar auf dem Bauch des Jesuskindes niedergelassen. »Verstehst du jetzt endlich?«, fragte er ungeduldig. Ich atmete tief durch und nickte bedächtig.

Das also war die Botschaft des Sternleins: Gott kommt im Kind, im Kleinen, unscheinbar Anmutenden zur Welt, nicht nur damals im Stall von Betlehem. Auch heute wirkt er durch zahllose, oft nebensächlich erscheinende Dinge. Zum Beispiel durch den Satz eines Buches, der das Herz öffnet und neue Perspektiven erkennen lässt, durch Fotos, die wundervolle Erlebnisse vergegenwärtigen und das Herz in der Erinnerung noch einmal höherschlagen lassen, durch die Zeilen einer Freundin, die einen vor Jahren – mit Erfolg – zu einem neuen Aufbruch bewegt hatten und die für die gegenwärtige Situation wieder von brennender Aktualität waren.

Wie viele wertvolle und wichtige Erfahrungen hatte ich im Laufe meines Lebens bereits gemacht, wie viel Hoffnung und Ermutigung konnte ich daraus für die Gegenwart und die Zukunft gewinnen. Mit einem Mal leuchtete mir das so oft von mir beklagte graue Einerlei meines Alltags in mannigfachen Farben auf und ich versank in den folgenden Nächten in helle und freundliche Träume.

Mein Sternchen ist mir im Laufe des kommenden Jahres treu geblieben. War ich traurig, zog es meine Blicke mit Macht zu den Blumen auf der Fensterbank, hatte ich keinen Mut mehr, verwies es mich auf meine bisherigen Erfolge und meinen Lustlosigkeiten gegenüber öffnete es meine Sinne für die reiche Palette der Lebensgenüsse.

So lernte ich im Laufe dieser zwölf Monate, neben allen enttäuschenden und ernüchternden Alltagserfahrungen, stets einen Blick für das Schöne, für das Bedeutsame und Wesentliche zu gewinnen und ich spürte, wie ich zunehmend heiterer und fröhlicher wurde, bis ich von tiefer Gelassenheit erfüllt war.

Mittlerweile hatte ich mich dermaßen an die Begleitung »meines« Sternchens gewöhnt, dass ich heftig erschrak, als es sich wenige Tage vor dem nächsten Weihnachtsfest kurz und etwas schroff von mir verabschiedete: »Du weißt ja nun, wie das so geht mit dem Leben, jetzt muss ich noch viele andere Menschen auf die richtige Spur bringen!« Sprach's und war augenblicklich verschwunden.

Ich las noch einmal den Brief, aus dessen Umschlag der Stern seinerzeit gefallen war. Dort stand nur: »Von jemandem, der dich sehr gern hat.« Mehr habe ich über den Absender nie erfahren. Aber ich bin sicher, dass die Botschaft direkt vom Himmel kam.

Den Blick
für das Wesentliche gewinnen
und die Freude
in dein Herz einlassen,
der Hoffnung
helle Träume schenken
und der Lebenslust
alle Sinne öffnen,
damit dein Alltag hell wird,
farbig und froh.

Der Schatz im Acker

Als es an der Tür des Krankenzimmers klopfte, sank Anna Larsson schnell in ihre Kissen zurück und schloss die Augen. Ihre aufgelösten grauen Haare verteilten sich über das Kopfkissen. Mit matter Stimme rief die Vierundachtzigjährige: »Herein!« Und in der Tat: Ihre Erwartungen und Hoffnungen hatten sich erfüllt. Ihr ältester Sohn Erik betrat, zusammen mit seiner Frau Lydia, seiner Tochter Anke und deren Mann Karl das Krankenzimmer. Ein paar Minuten später folgte deren Sohn Johannes mit seiner Frau Svenja und ihrem achtjährigen Urenkel Oliver.

»Wie geht es dir Mutter?«, fragte ihr Sohn sie leise, als er an das Krankenbett herangetreten war. »Ich bin sehr schwach«, stöhnte die alte Frau, »und habe gerade ein wenig geschlafen.« »Dein Anruf hat uns sehr erschreckt«, meinte Erik. Seine Frau hatte inzwischen den wundervollen Strauß rote Rosen, den sie mitgebracht hatten, in einer Vase auf den Nachttisch gestellt. »Oh, ihr habt nicht vergessen, wie sehr ich Rosen mag?« Anna lächelte dankbar. Die Enkel legten eine Tüte mit Weihnachtsgebäck daneben und bemühten sich zugleich rührend darum, ihre Oma mit einigen Anekdoten aus ihrem Leben aufzuheitern.

»Ob Jacob wohl auch kommt?«, fragte die alte Frau. Im gleichen Augenblick, als sie den Namen seines jüngeren Bruders ausgesprochen hatte, zuckte Erik zusammen. »Du hast ihn auch informiert?«, fragte er mit harter Stimme zurück. »Aber natürlich, er ist doch auch mein Junge, und ich habe dir doch am Telefon gesagt, dass es mein größter Wunsch ist, meine ganze Familie noch einmal um mich zu haben, bevor es mit mir zu Ende geht. Wenn ihr euch doch endlich wieder miteinander aussöhnen könntet«, fügte sie leise hinzu. »Du weißt genau, warum wir uns zerstritten haben.« Erik wurde jetzt laut. Seine Frau ermahnte ihn: »Wir sind hier in einem Krankenhaus.« Aber Erik gab keine Ruhe. »Es war seit Generationen Brauch in unserer Familie, dass der älteste Sohn den Siegelring vom Vater erhält. Und du hast ihn nach Vaters Tod Jacob gegeben.« »Geht das schon wieder los«, stöhnten die Enkel, die es bedauerten, mit der Familie ihres Großvaters keinen Kontakt mehr zu haben, und denen diese Tradition sowieso nichts mehr bedeutete. »Du siehst doch, Großmutter braucht ihre Ruhe«, versuchten sie ihren Vater zu besänftigen.

Bevor Erik noch irgendein weiteres Wort hervorbringen konnte, klopfte es erneut an der Tür. Und in der Tat, jetzt trat Jacob mit seiner Frau Hanna, deren Tochter Myriam, dem Schwiegersohn Martin und den kleinen Urenkelinnen Alessandra und Larissa ein. In dem Augenblick, in dem die beiden Brüder einander sahen, gefror die Atmosphäre in dem kleinen Raum. Die Urenkel retteten vorübergehend die Stimmung, indem sie liebevoll kleine Basteleien aus Kindergarten und Schule auf dem Bett der Uroma ausbreiteten.

»Ich freue mich, dass ihr alle gekommen seid«, flüsterte die Kranke. Ein mildes Lächeln machte sich in ihrem blassen Gesicht breit. »Mein größter Wunsch aber ist, dass ihr euch miteinander versöhnt und wieder eine Familie werdet. Aber ich weiß auch, dass es euch bei eurem Streit in erster Linie ums Erbe geht«, fügte sie nach kurzer Zeit traurig hinzu. »Und nun hört gut zu: Da ich Sorge hatte, dass sich einer von euch nach meinem Tod unrechtmäßig den größeren Teil oder auch das ganze Erbe unter den Nagel reißen würde, habe ich den ganzen alten Familienschmuck und alle meine Sparbücher und Aktien in dem weitläufigen Acker hinter dem Haus vergraben. Geht heim zu eurem Elternhaus und grabt den Acker um, und derjenige, der die Kassette findet, dem soll sie mitsamt dem gesamten Inhalt gehören. Und nun geht, ich bin müde und schwach und hoffe, dass ihr mich noch am Leben findet, wenn ihr den Schatz gefunden habt.«

Die Söhne und auch deren Ehefrauen waren blass geworden, als sie ihre alte Mutter so reden hörten. »Die Alte tickt ja nicht mehr richtig«, stöhnte Erik. »Alzheimer oder Creutzfeldt-Jakob?«, fragte seine Frau sarkastisch. »Aber es bleibt uns nichts anderes übrig, als ihr zu glauben und morgen den Acker umzugraben«, fügte Jacob hinzu. Zumindest in ihrer Wut waren sich die verfeindeten Brüder seit Langem einmal wieder einig.

Frau Larsson hingegen verharrte noch einige Minuten, nachdem ihre Familie sie verlassen hatte, in ihren Kissen. Als sie sicher war, dass keiner mehr zurückkehren würde, setzte sie sich auf, holte sich aus ihrem Nachtschrank ein Fläschchen Sekt, schaltete den Fernseher ein und machte es sich, so gut das in einem Krankenhaus eben geht, gemütlich. Als die Schwester das Nachtessen brachte, zwinkerte ihr die alte Frau vergnüglich zu. »Es scheint geklappt zu haben«, sagte sie, »aber vielleicht haben sie morgen noch ein wenig weißes Puder für mein Gesicht, damit ich noch etwas blasser aussehe?«

Erik und Jacob begaben sich mit ihren Familien für die Nacht in ein Gasthaus. Erik wäre es lieber gewesen, sie hätten in getrennten Pensionen schlafen können, aber es gab in dem kleinen Dorf nur den einen Gasthof »Zur goldenen Truhe«. Der Name passt ja wenigstens, stellten die Familien, nicht ohne sarkastischen Unterton, übereinstimmend fest. Es ist ja nur für eine Nacht, dachten sie, morgen Abend werden wir die Schatzkiste ausgegraben haben und wieder nach Hause fahren. Im Stillen hoffte natürlich jeder, selbst der Glückspilz zu sein, denn sie wussten, dass die Mutter über ein umfangreiches Vermögen verfügte.

Am nächsten Morgen trafen sie sich um acht Uhr, bewaffnet mit Spaten, Schaufeln und Hacken, die sie sich von früheren Nachbarn ausgeliehen hatten, an dem Erbgrundstück. Nachdem sie die Seiten ausgelost hatten, begann Eriks Familie auf der rechten und Jacobs auf der linken Seite. Und dann gruben sie und gruben. Nach zwei Stunden hatten die Urenkel keine Lust mehr und begannen, Fangen zu spielen. In ihren Abenteuerbüchern fand ja auch bisweilen eine Schatzsuche statt. Dass man davon allerdings Schwielen und Blasen an den Händen bekam, davon stand nichts geschrieben.

Alle anderen aber gruben mit zusehends verbisseneren Gesichtern weiter, gruben und gruben. Um zwölf Uhr wurden die Urenkel zum Bäcker geschickt, um belegte Brötchen zu holen. Eriks und Jacobs Töchter, Anke und Myriam, sahen im Haus nach, ob sie etwas zu trinken finden konnten, und staunten nicht schlecht, als sie dort kistenweise Bier, Sprudel, Limonade und Cola fanden. Wieso hatte die alte Frau solch einen Vorrat stehen? Auch die zahlreichen Gläser Würstchen, die vielen Dosen mit Bohneneintopf und die Berge von Spaghetti, daneben der Zettel: »Hackfleischsoße ist im Gefrierfach«, wirkten so, als habe hier jemand eine Riesenparty geplant. Die beiden Frauen, die in früheren Zeiten so etwas wie eine freundschaftliche Beziehung zueinander gepflegt hatten, sahen einander erstaunt an. Plötzlich huschte, fast gleichzeitig, ein Lächeln über ihre Gesichter und sie zwinkerten einander zu, sagten aber nichts.

Angesichts der kühlen Witterung wurde beschlossen, im Wohnzimmer zu essen. Schweigsam kauten sie ihre Brötchen, während die Urenkel durch das riesige Haus tobten und begannen, Verstecken zu spielen. »Gibt es denn hier keinen Flaschenöffner?«, fragte Lydia plötzlich in die Stille hinein. Und ganz spontan reichte ihr Hanna das Gesuchte: »Doch, hier ist einer.« Jacob sah seine Frau strafend an, aber die erwiderte spitz: »Man wird ja noch höflich sein dürfen.«

Nach der Mittagspause ging die Arbeit weiter. Lydia und Hanna hatten bereits Rückenschmerzen und ruhten zwei Stunden später wieder aus, um Kaffee zu kochen. Sie freuten sich, als sie zwei echte Dresdner Christstollen entdeckten, dazu zwei große Dosen mit eigenhändig von Anna Larsson gebackenen Vanillekipferln und mit Schokoladencreme gefüllten Haselnussplätz-

chen. Auch die Männer waren inzwischen müde und dankbar für den heißen Kaffee. Als Jacob die Kekse auf den Tellern entdeckte, musste er lachen: »Sieh nur, Erik, deine Lieblingsplätzchen!« Und zu seiner Frau Hanna gewandt, erklärte er: »Davon konnte er als Kind nie genug bekommen.« Hanna lachte und probierte den köstlichen Christstollen. Aber Eriks Gesicht blieb eisig. Plötzlich tauchten auch die Kleinen wieder auf und ließen sich Kakao und Weihnachtsgebäck schmecken. Die brennenden Adventskerzen auf dem Tisch gaben dem Raum inzwischen eine nahezu gemütliche Atmosphäre. Doch die Männer gaben noch nicht auf und verlangten auch von ihren Frauen, weiter zu graben.

Gegen halb fünf Uhr am Nachmittag, als es allmählich dämmerte, begegneten sie einander in der Mitte des Ackers. Müde und enttäuscht sahen sie sich an. »Nichts«, sagten alle wie aus einem Munde. »Mutter scheint nicht mehr bei Sinnen zu sein«, murmelte Erik leise vor sich hin. »Und was machen wir jetzt?«, fragte Johannes, der die Verbissenheit im Kampf gegen Jacobs Familie von seinem Vater mittlerweile übernommen hatte. »Wir ruhen uns jetzt aus und gehen morgen wieder ins Krankenhaus«, bestimmte Erik.

Zu müde zum Streiten, saßen sie am Abend beisammen und machten sich hungrig über die Würstchen her. Myriam, Anke und Hartwig hatten sich zusammengesetzt und durchbrachen das ungeschriebene Gesetz des Schweigens zwischen den Familien. Martin hatte einen guten Job und ein vortreffliches Einkommen, ihn interessierte diese alte Familiengeschichte und das ganze Erbe sowieso nicht, im Gegenteil: Er fand es nahezu unerträglich, zu Lebzeiten der Großmutter seiner Frau schon nach deren Erbe zu gieren, und war nur aus so etwas wie Familienzwang mitgekommen, was er fast schon bereute.

Den Schlaf hatten alle nötig nach diesem anstrengenden Tag. Am nächsten Morgen allerdings klopften sie schon kurz nach zehn Uhr am Krankenzimmer von Anna Larsson. So wie beim ersten Besuch sank die alte Dame auch dieses Mal schnell in ihre Kissen und wirkte, mithilfe der Schminkkünste ihrer Krankenschwester, noch erheblich blasser als zwei Tage zuvor. »Mutter, du bist ja ganz blass«, meinte Jacob bestürzt. »Es geht mir heute auch gar nicht gut, ich glaube, mein letztes Stündchen naht«, flüsterte Anna Larsson. Selbst Erik begriff, dass er sich jetzt um ein behutsames Vorgehen mühen musste. »Mutter«, begann er leise, »kann es sein, dass du dich mit dem Versteck, das du uns angegeben hast, geirrt hast? Wir haben den ganzen Acker umgegraben, aber wir konnten nichts finden.« »Kann schon sein«, murmelte die alte Frau mit leidender Miene, »manchmal verlässt mich mein Gedächtnis. Ich glaube, ich habe es im Keller versteckt.« Damit sank sie wieder in ihre Kissen, begann leicht zu schnarchen und ließ ihre Familie in dem Glauben, dass sie wieder eingeschlafen war.

Betroffen durch Mutters offenbar schlechten Zustand, zugleich aber auch in der Angst gefangen, sie könne sterben, bevor sie den richtigen Ort gefunden hätten, an dem die alte Närrin das Familienerbe versteckt hatte, machten sich die beiden Familien erneut auf den Weg. »Was ist, wenn das wieder nicht stimmt?« Lydia und Hanna hatten nicht die geringste Lust, nach den gestrigen Strapazen heute den Keller zu durchsuchen. Immerhin waren sie auch schon Ende fünfzig. Gemeinsam überlegten sie, auf welche Weise sie sich heute rar machen könnten. Erik passte es überhaupt nicht, dass seine Frau mit Jacobs Frau zusammen nach Hause ging und offensichtlich in ein tiefes Gespräch verwickelt war.

Anstelle mit Spaten und Schaufeln bewaffneten sie sich dieses Mal mit Staubtuch und Putzeimer. Der Keller hatte wohl schon seit Langem keine menschliche Seele mehr gesehen. Was kam da alles zum Vorschein: Weihnachtsschmuck, den Erik und Jacob als Kinder selbst gebastelt hatten, die alte Holzeisenbahn der Jungen, das Schaukelpferd von Jacob und der alte Spielzeuglastwagen von Erik. Berührt von der Intensität der Vergangenheit, mit der die beiden Männer konfrontiert wurden, blieben Bemerkungen wie »Weißt du noch?« nicht aus. Völlig wider Willen musste sich auch Erik an die fröhliche Kindheit und die vielen gemeinsamen Spiele mit seinem Bruder erinnern.

»Weißt du, Erik«, begann Jacob versöhnlich, »eigentlich finde ich es sehr schade, dass wir uns wegen dieses Ringes zerstritten haben. Wenn dir wirklich so viel daran liegt, dann kannst du ihn ruhig haben.« Aber Erik blockte ab. »Darum geht es nicht, sondern um Mutters Ungerechtigkeit.« Anke und Myriam, die schon am Vortag die Absichten ihrer Oma durchschaut hatten, schmunzelten erneut und räumten mehr den Keller auf, als hier noch nach einem Schatz zu suchen.

Und so endete auch dieser Tag, wie zu vermuten war, mit der Enttäuschung, das Familienerbe wieder nicht gefunden zu haben.

Auch die Szene am Krankenbett von Anna Larsson verlief am Tag darauf ähnlich wie zuvor. »Wie steht es denn um sie?«, fragte Erik heute die Krankenschwester. »Nicht gut«, meinte die junge Frau mit gut gespielter ernster Miene, »sie wird von Tag zu Tag schwächer und redet oft so wirres Zeug.« Diese Auskunft beunruhigte Erik sehr. Was würde sie ihnen heute als geheimnisvolles Versteck für den Familienschatz anbieten? »Auf dem Dachboden muss er sein, auf dem Dachboden«, murmelte sie noch leiser als gestern.

Kaum war ihre Familie wieder verschwunden, klingelte sie nach der Schwester und bat um eine Tasse starken Bohnenkaffee. »Aber Sie wissen doch, dass Bohnenkaffee bei Ihren Herzrhythmusstörungen nicht gut ist.« »Ach was«, meinte Anna Larsson, »mir geht es schon wieder viel besser. Sie sind wirklich eine Perle, Schwester Christine. Wenn alles vorbei ist, werden Sie für Ihre Hilfe und Unterstützung meinen Perlenschmuck bekommen.« »Aber nicht doch«, wehrte die Schwester ab. »Versprochen ist versprochen«, sagte die alte Dame, »und jetzt bringen Sie mir bitte einen Kaffee.«

Derweil machten sich die beiden Familien auf dem Dachboden zu schaffen. Die Urenkel hatten nach kurzer Zeit das alte Indianerzelt ihrer Großväter zutage gekramt. »Oh, können wir das im Wohnzimmer aufschlagen?«, bettelten die drei und stießen dabei ein ohrenbetäubendes Indianergeheul aus. »Schau mal, Jacob, unser altes Zelt, mit dem wir im Garten übernachtet haben. Was hattest du damals für Angst, als eine Katze jaulte. Da bist du zitternd in meinen Schlafsack gekrochen.«

Mit einem Schlag waren alle anderen Familienmitglieder still. Erik hatte mit seinem Bruder gesprochen! Auch Jacob war völlig in Kindheitserinnerungen versunken. Und da hockten die beiden verfeindeten Brüder auf staubigen alten Kisten und redeten und lachten, und es war jetzt auch dem letzten Familienmitglied klar geworden, was die alte Frau mit ihren Umgrabungs- und Aufräumaktionen hatte bezwecken wollen.

Am Abend dieses ereignisreichen Tages saßen alle gemütlich zusammen. Im Keller hatten sie am Vortag noch einige Flaschen eines guten Rotweins gefunden, mit dem sie anstießen und der das Seine dazu beitrug, dass die Stimmung immer heiterer und ausgelassener wurde.

Frau Larsson entging die gelöste Stimmung, mit der ihre Familie sie am nächsten Tag besuchte, nicht. »Da hast uns aber ganz schön reingelegt, Mutter«, sagte Jacob lachend. »Jedenfalls haben wir uns wieder miteinander ausgesöhnt«, fügte Erik hinzu. »So viele gute Nachrichten auf einmal, das ist ja fast zu viel für mich. Aber ich habe auch eine gute Nachricht: Es geht mir gesundheitlich besser und ich werde am Tag vor dem Heiligen Abend aus dem Krankenhaus entlassen. Es wäre schön, wenn ich noch einmal im Kreis meiner Familie Weihnachten feiern dürfte. Mögt ihr noch bleiben?« Die bleichen Wangen von Anna Larsson waren vor Aufregung ganz rot geworden. Alle nickten einmütig und begannen, nachdem sie nun schon Keller und Dachboden aufgeräumt hatten, auch in den anderen Räumen Ordnung zu schaffen. Sogar die Urenkel halfen mit, zumal ihnen versprochen worden war, dass sie den Weihnachtsbaum mit den alten kostbaren Kugeln und Figuren schmücken dürften, die sie im Keller entdeckt hatten.

Am Tag vor dem Heiligen Abend holten die beiden Söhne Anna Larsson aus der Klinik ab. »Fahrt bitte an der Kreuzung nach rechts, ich habe in der Stadt noch etwas zu erledigen.« »Aber Mutter, wir wollten gleich mit dir nach Hause, die anderen warten mit dem Kaffee auf uns.« »Erst muss ich noch nach Glückshausen, es sind doch nur zehn Kilometer.« Erik widersprach nicht länger, sondern fuhr die gewünschte Strecke. »Jetzt rechts, dann an der nächsten Ampel links und dann haltet ihr bitte!«, befahl Anna Larsson. »Was willst du denn in der Bank?«, fragten die beiden Söhne erstaunt. »Ja, glaubt ihr denn im Ernst, ich sei nicht mehr bei Troste und verstecke mein Hab und Gut im Haus, bei den vielen Einbrüchen, von denen man heutzutage immer hört?« Dafür, dass sie gerade erst aus dem Krankenhaus entlassen worden war, betrat sie die Bank mit erstaunlich flinken Schritten und kam nach geraumer Zeit mit einem großen Paket unter dem Arm wieder zurück. »Und nun geht es heim zum Kaffeetrinken«, schmunzelte sie.

Zuhause mussten alle herzhaft darüber lachen, wie die alte Dame sie an der Nase herumgeführt hatte. Am Abend öffnete Anna Larsson dann das Paket. »Nachdem Jacob Vaters Siegelring bekommen hatte«, begann sie, »solltest du Erik«, bei diesen Worten wandte sie sich an ihren ältesten Sohn, »Vaters alte goldene Uhr bekommen. Aber ich konnte mich nach Georgs Tod dann doch noch nicht davon trennen. Es hängen so viele Erinnerungen für mich daran. So nimm sie jetzt aus meinen Händen und passe gut auf sie auf.« Erik war plötzlich tief beschämt, denn die alte kostbare Uhr war weit wertvoller als der Siegelring, um dessentwillen er den Streit mit Jacob begonnen hatte. Die Frauen bekamen von dem alten Schmuck die schönsten Stücke. »Ich gebe lieber mit warmen Händen als mit kalten«, sagte sie, »ich brauche ja nicht mehr viel Schmuck, wo gehe ich schon noch hin.« Für die Enkel und Urenkel hatte sie großzügige Sparbücher angelegt. »Aber etwas müsst ihr mir noch lassen, ich weiß ja nicht, wie lange der liebe Gott mich noch auf der Erde lässt, um mich an meiner Familie zu erfreuen«, lächelte sie.

Am Heiligen Abend waren alle miteinander bemüht, es der alten Mutter, Oma und Uroma so schön, wie möglich zu machen. Der Baum leuchtete wundervoll im Schein echter Bienenwachskerzen, die Schwiegertöchter hatten das Rezept für den traditionellen Punschkuchen gefunden, und die Enkelinnen und Enkel brachten am Abend einen knusprigen Gänsebraten auf den Tisch, der ebenso mit Äpfeln, Rosinen und Trüffeln gefüllt war, wie ihre Oma ihn früher zubereitet hatte. Später las Alessandra die Weihnachtsgeschichte vor. Als sie an die Stelle kam, an denen die Engel den Hirten »Friede auf Erden« verkündigten, kamen der alten Frau die Tränen. Ihr größter Wunsch war in Erfüllung gegangen: Noch einmal mit der ganzen Familie zusammen Weihnachten zu feiern, so wie früher!

Geh hin
zu der Schwester,
dem Bruder,
halte zugleich
mit der anderen Wange
die Hand zur
Versöhnung hin!

Geh hin
zu der Schwester,
dem Bruder,
wage ein freundliches Wort!
Wer von uns kann schon
einer Geste der Liebe
widerstehen?

Ein Weihnachtswunder

Sie hatte sich damit abgefunden, in diesem Jahr den Heiligen Abend allein zu verbringen. Rüdiger, ihr ältester Sohn, hatte über die Feiertage einen Skiurlaub mit seiner Familie geplant. Ihre Tochter Ulrike hatte mehrfach angedeutet, dass zwischen ihrem Mann und ihr in den letzten Monaten Spannungen aufgetreten seien; sie würden sie zwar am Heiligen Abend gern zum Kaffeetrinken holen, wollten aber auch Zeit für sich haben. Irgendwie schien ihr die ganze Herumdruckserei Ulrikes merkwürdig, und so schlug sie auch die Einladung zum Kaffee aus.

Man darf seinen erwachsenen Kindern und ihren Familien nicht zur Last fallen, die wollen und müssen ihr eigenes Leben leben, hatte sie sich tapfer gesagt. Aber es war doch ein merkwürdiges Gefühl, das erste Mal den Heiligen Abend allein zu verbringen. Ihr Mann war vor einigen Jahren gestorben und seither war sie immer bei einem der Kinder zu Gast gewesen. Sie hatte sich ein paar Tannenzweige vom Markt mitgebracht, die sie liebevoll mit handgearbeitetem Christbaumschmuck behängte, den die Kinder einst in der Schule gebastelt hatten. Ich werde es mir heute richtig gemütlich machen, sagte sie laut zu sich. Der Duft von Kaffee und Marzipangebackenem durchzog das behaglich eingerichtete Wohnzimmer. Aber als sie die Kerzen auf dem Tisch anzündete und im Radio Weihnachtslieder ertönten, konnte sie doch nicht verhindern, dass ihr weh ums Herz wurde. Sie hatte sich die alten Fotoalben vom Regal genommen und wollte auf diese Weise mit ihrer Familie zusammen sein.

Manches Bild aus den Kindheitstagen von Rüdiger und Ulrike brachte sie zum Schmunzeln; wie sie da vor dem Weihnachtsbaum standen und ihr Gedicht aufsagten. Und hier: Ulrike mit der neuen Puppe im Arm, die fast größer war als sie selbst. Aber es war auch viel Schmerz mit der Betrachtung der Bilder verbunden. Wo sind nur all die Jahre geblieben, dachte sie wehmutsvoll.

Das Glockengeläut der benachbarten Kirche übertönte inzwischen die Weihnachtsmusik aus den Lautsprechern. Vielleicht sollte ich doch in die Christvesper gehen, überlegte sie. Ursprünglich hatte sie sich entschieden, den Gottesdienst nicht zu besuchen, aus Angst, dass zu viele Erinnerungen in ihr aufsteigen und ihr das Herz eher schwer als leicht machen könnten.

Aber ohne Kirche an Weihnachten fehlt doch etwas, dachte sie und schlüpfte hastig in ihren Mantel. Im gleichen Augenblick klingelte es an ihrer Tür. Sie hielt inne. Wer kann das sein, überlegte sie, ob doch eines von den Kindern sie überraschen wollte? Unsinn, mahnte sie sich selbst zur Vernunft, da wird sich jemand im Klingelknopf geirrt haben. Wieder läutete es, dieses Mal ausdauernder als das erste Mal. Sie blickte durch den Spion. In der Verzerrung, die diesen Gucklöchern eigen ist, erblickte sie direkt vor ihrer Tür einen ausgewachsenen Weihnachtsmann in rotem Mantel, mit Mütze und Bart.

Der will bestimmt nach oben zu den Herrmanns, die Kinder bescheren, ging es ihr durch den Kopf. Aber wieder schellte er bei ihr. Ein verkleideter Bettler vielleicht, kam es ihr in den Sinn und sie wurde ärgerlich. Nun hatte sie sich gerade aufgerafft, um in die Kirche zu gehen, und jetzt traute sie sich nicht aus der Tür. Man kann ja nie wissen, dachte sie, man hört so viel von Überfällen. Beim vierten Klingeln endlich öffnete sie die Tür vorsichtig hinter der Sicherheitskette.

»Von drauß' vom Walde komm ich her«, tönte da eine tiefe Stimme.

Ihr war unbehaglich. »Was wollen Sie?«, fragte sie barsch, »heute ist Weihnachten, hier sind fünf Euro, ich kann Ihnen auch ein Butterbrot anbieten, aber dann gehen Sie!«, fügte sie schnell hinzu.

»Aber Hilde, du wirst doch den Weihnachtsmann nicht mit fünf Euro und einem Butterbrot abspeisen wollen«, tönte die dunkle Stimme von draußen.

Woher kannte der ihren Vornamen, der stand doch nicht an ihrem Namensschild. »Wer sind Sie und was wollen Sie?«, sagte sie sichtlich ungehalten. Die Glocken waren inzwischen verstummt, den Gottesdienst konnte sie vergessen.

»Ja, erkennst du mich denn nicht?«, fragte die warme Stimme vor der Tür. Sie überlegte krampfhaft, als der Weihnachtsmann sich Bart und Mütze abnahm und den Mantel auszog.

»Frohe Weihnachten, Hilde, ob du jetzt wohl eine gute Tasse Kaffee für mich hast?«

»Reinhart?!«, entfuhr es ihr ungläubig. Sie blickte ihn an, als stünde ein leibhaftiges Gespenst vor ihr. »Wo kommst du denn her?«

»Soll ich dir das wirklich hier im Hausflur erzählen?« Oben hatten Nachbarn schon die Tür aufgemacht, weil sie dachten, da unten hätte sich ein Obdachloser ins Haus geschlichen.

»Nein, nein, komm rein!« Schnell öffnete sie jetzt die Kette. »Reinhart, bist du es wirklich?« Sie war sprachlos. »Lass dich anschauen, mein Gott, wie lange ist es her, dass wir uns zuletzt gesehen haben?«

Reinhart war ihre große Jugendliebe gewesen, aber die Eltern hatten ihn, den mittellosen Landwirt, nicht für standesgemäß erachtet und alles daran gesetzt, die Beziehung zwischen ihnen beiden auseinanderzubringen. Bei gesellschaftlichen Veranstaltungen hatten sie sie mit dem Sohn eines gut betuchten Geschäftsfreundes ihres Vaters zusammengebracht, den sie schließlich, nicht ganz freiwillig, geheiratet hatte.

Holger und sie hatten viele Jahre miteinander eine leidenschaftslose, aber im Großen und Ganzen zufriedene Ehe geführt. Er ging mehr und mehr in seiner Geschäftswelt auf, während für sie die beiden Kinder zum Lebensinhalt wurden. Irgendwann einmal hatte sie Rüdiger und Ulrike ihre Lebensgeschichte erzählt, als diese selbst erwachsen waren. Beide hatten tief betroffen reagiert, aber auch Verständnis und eine Art Mitleid mit dem fremdbestimmten Leben ihrer Mutter gezeigt.

In wenigen Augenblicken liefen die letzten vierzig Jahre vor ihrem inneren Auge ab wie ein Film. Reinharts warmherzige Stimme riss sie jäh aus ihren Gedanken heraus: »Willst du mich nicht in das Weihnachtszimmer bitten?«, schmunzelte er mit dem Blick in die Richtung, in der er, hinter der halb offenen Tür, die Tannenzweige erspähte.

»Entschuldige bitte, komm!« Sie war völlig durcheinander. »Ich mache uns erst einmal einen Kaffee«, und schon war sie in der Küche verschwunden.

Reinhart zündete in der Zwischenzeit die Kerzen auf dem Wohnzimmertisch an. »Ich kann dir nicht einmal Kuchen anbieten, außer dem bisschen Gebäck, das auf dem Tisch steht«, entschuldigte sie sich aus der Küche.

»Kuchen wäre auch nicht gut für mich«, erwiderte er lachend mit der Hand auf seinem Bäuchlein.

»Und überhaupt, ich habe auch zum Nachtessen nicht viel im Haus, ich hatte keine Lust, mir ein großes Weihnachtsessen zu kochen.«

»Jetzt mach dir doch nicht so viele Sorgen ums Essen, erstmal wollen wir den Kaffee genießen. Im Übrigen bin ich als waschechter Weihnachtsmann natürlich nicht mit leeren Händen gekommen. Komm her, Hilde, hier ist genug zu essen.« Er kramte einen Topf Gänseschmalz, eine frische Leberwurst, ein Glas Gurken und einen knusprigen frischen Brotlaib hervor, dazu einige Flaschen dunkles Bier.

Sie wurde rot. »Das hast du nicht vergessen in all den Jahren?«

»Wie könnte ich«, erwiderte er ernst. »Ich habe dieses Bild oft vor Augen gehabt, wenn wir uns auf deiner Bude getroffen haben und ich Schmalz und Leberwurst von Vaters Bauernhof mitgebracht hatte. Wie es dir geschmeckt hat. Einmal hatte ich gespart, um dich an deinem Geburtstag in ein elegantes Restaurant einzuladen, zu Krebsschwänzen und Champagner. Du hast nur

gelacht und gesagt: Was soll ich denn in so einem edlen Lokal mit rosa Tischdecken und Kronleuchtern an den Decken? Bring von zu Hause Schmalz, Wurst, Brot und Bier mit, lass uns ins Grüne radeln und dort auf einer frischen Wiese Picknick machen, das wäre das schönste Geschenk für mich.«

»Wie alt waren wir da eigentlich?«, fragte sie.

»Beide gerade zwanzig«, erwiderte er schnell, um nach einer Pause leise hinzuzufügen: »Heute vor vierzig Jahren wollten wir uns verloben. Ringwechsel unter dem Weihnachtsbaum, davon hattest du immer geträumt.«

»Ja, ich erinnere mich«, sagte sie leise. Ein Anflug von mädchenhafter Röte stieg ihr ins Gesicht. Eine Weile blieb es still im Raum.

»Wie ist es dir ergangen in all den Jahren?«, fragte sie zögernd. Und dann kamen sie ins Erzählen, von früher, aber auch von der langen Zeit, in der sie nichts voneinander gehört hatten.

Er hatte den Bauernhof des Vaters geerbt und es mit viel Arbeit und Fleiß mittlerweile auch zu einigem Wohlstand gebracht. Kurz nach ihrer Hochzeit mit dem jungen Unternehmer hatte er sich Hals über Kopf in eine Liebesaffäre gestürzt und das Mädchen geheiratet, als es schwanger war. Das Kind starb bei der Geburt und die Ehe wurde nach wenigen glücklosen Jahren geschieden. Seither war er in seiner Arbeit aufgegangen.

»Ach, jetzt hätte ich es fast vergessen, ich habe natürlich von daheim noch einen Babyputer mitgebracht, den brate ich uns morgen.« Mit diesen Worten griff er noch einmal in seinen Weihnachtsmannsack und beförderte eine Flasche Champagner zutage. »Den kannst du bitte kalt stellen. Heute wirst du mir auf die Einladung zu einem Gläschen Schampus doch keinen Korb geben?«, lachte er.

»Du bleibst morgen noch hier?«, fragte sie unsicher.

»Du hast doch sicher ein Gästezimmer.«

»Ja, natürlich, es ist allerdings nicht sonderlich aufgeräumt. Ich konnte ja nicht ahnen, dass du ...« Sie war immer noch verlegen. »Woher wusstest du denn, dass ich heute zu Hause bin?«, fragte sie. »Ich bin sonst Weihnachten immer bei einem der Kinder gewesen. Dann hättest du da gestanden mit deinen Habseligkeiten.«

»Da habe ich wohl so etwas wie einen siebten Sinn gehabt«, lächelte er.

Dass er mithilfe einer früheren gemeinsamen Freundin Rüdiger und Ulrike ausfindig gemacht, mit ihnen Kontakt aufgenommen, sie ins Vertrauen gezogen und sich mit ihnen abgesprochen hatte, erfuhr sie nie. So war und blieb sein unerwartetes Erscheinen eines jener weihnachtlichen Geheimnisse, von denen wir wohl alle unser Leben lang träumen.

Noch lange saßen sie an diesem Abend zusammen, redeten und schwiegen miteinander, hörten Weihnachtsmusik, rückten auf dem Sofa ein wenig näher zueinander, um gemeinsam alte Fotoalben durchzublättern, prosteten sich zu.

Vom Weihnachtsevangelium, das im Radio vorgelesen wurde, blieb bei Hilde nur ein einziger Satz hängen, der sich in ihrem Kopf unermüdlich drehte und wiederholte wie bei einer der alten Schallplatten, die einen Sprung hat: »Heute verkündige ich euch eine große Freude.«

Ein wenig müde, zugleich berauscht vom Champagner und dem unerwarteten Weihnachtswunder lehnte Hilde zu später Stunde ihren Kopf an Reinharts Schulter, gerade so wie früher, als sie sich, irgendwo auf einer sonnigen Bank im Wald, ihre gemeinsamen Zukunft ausgemalt hatten, Hand in Hand.

Die Kerzen auf dem Tisch waren längst erloschen und verliehen dem Raum, zusammen mit dem Duft von Tannengrün und Marzipan, jenen geheimnisvollen Geruch, der einen von Kindheit an ahnen ließ, dass etwas Wunderbares geschah in diesen dunklen Stunden, das mit dem Verstand nicht zu fassen war und das doch das ganze Leben ergriff und verwandelte. Das Gästezimmer jedenfalls blieb ungenutzt in dieser Heiligen Nacht.

Wenn der Himmel
zu nächtlicher Stunde
seine Lichter am Himmel gebiert,
dann vertraue darauf,
dass auch deiner Seele
Wärme geschenkt wird,
Hoffnung und Zuversicht
und eine Freude,
die grenzenlos ist.

Die närrische Alte

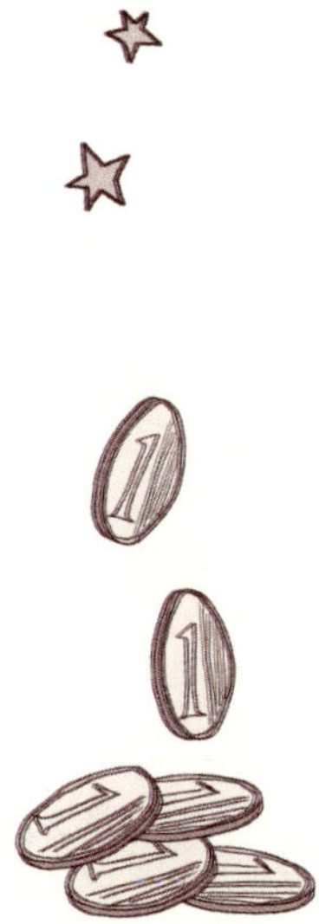

»Hast du mal 'nen Euro?« Der Junge mit dem lila-grün eingefärbten und einer unendlichen Menge von Gel gestylten Haarkamm grinste provozierend, war aber völlig perplex, als die zierliche alte Dame, die er gerade angeschnorrt hatte, stehen blieb, in die Tasche griff und ein paar Eurostücke zutage beförderte.

»Hier, mein Junge, weil heute Weihnachten ist. Reicht dir das denn überhaupt? Ich kann dir auch mehr geben.« Mit stiller Selbstverständlichkeit verschwand die kleine, runzelige Hand noch einmal in der dunklen Ledertasche und holte zwei weitere Euromünzen heraus.

»Nimm nur, Junge, du willst dir sicher etwas zu essen kaufen«, lächelte sie den verdutzten Punk an, der es gewohnt war, dass ältere Herrschaften angesichts seines Outfits eher die Flucht ergriffen, als auch nur paar Cent herauszurücken. »Du bist ja 'ne echt geile Oma«, rief er überrascht, »danke, ey!« Breit grinsend drehte er sich um, tippte sich leicht mit dem Finger an die Stirn und tauchte in der Menschenmenge unter.

Ein paar andere Passanten in der Haupteinkaufsstraße waren stehen geblieben und hatten das Schauspiel teils amüsiert, teils mit gerunzelter Stirn betrachtet. Kopfschüttelnd setzten sie sich wieder mit ihren schweren Einkaufstaschen in Bewegung, als die Szene ihr vorläufiges Ende gefunden hatte.

Natürlich hatte der Punk mit dem Hahnenkamm auf dem Kopf in der Szene längst Bescheid gesagt, dass unweit vom Weihnachtsmarkt, eine ›närrische Alte‹ stünde, die ihm einfach so Geld in die Hand gedrückt hatte.

»Du bist wohl high, wa?«, fragten einige der anderen Gestalten in abgewetzten Lederjacken, setzten sich dann aber doch Richtung Weihnachtsmarkt in Bewegung.

Sie hatten Glück. Die ›närrische Alte‹, mit zivilem Namen ›Frau Engel‹, war noch da – inzwischen aber umlagert von angetrunkenen Pennern und kleinen Kindern, deren Mütter verzweifelt versuchten, das Interesse der Kleinen auf das nahegelegene Karussell, auf Kartoffelpuffer oder gebrannte Mandeln zu lenken. Derweil verteilte die kleine Frau unbeirrbar klingende Münzen und später, als ihr der nicht unerhebliche Vorrat an gewichtigem Hartgeld ausgegangen war, auch kleinere und größere Geldscheine. »Weil heute Weihnachten ist, soll hier niemand Not leiden. Ich möchte, dass sich jeder in dieser Stadt heute ein wenig freuen kann«, erklärte sie ihr unübliches Tun.

Inzwischen hatte sich einer der Sprösslinge von der Hand seiner besorgten Mutter losgerissen und sich einen Weg durch die zahllosen Hosenbeine gebahnt, bis er direkt vor der Alten stand. »Bitte!«, flehte der Kleine, der irgendwie mitbekommen hatte, dass es hier etwas umsonst gab, »bitte, wenn du so viel Geld hast, dass du es einfach verschenken kannst, dann kaufe mir doch bitte, bitte den großen Teddybären da hinten im Kaufhaus. Ich habe ihn mir ganz doll vom Weihnachtsmann gewünscht, aber die Mama hat gesagt, dass der Weihnachtsmann das ganze Jahr über genauso arbeitslos ist wie der Papa schon seit zwei Jahren, und dass er dieses Mal anderen Kindern was bringen müsse, und dass deshalb das Geld für meinen Teddy nicht reichen würde.« Seine Worte überschlugen sich fast. Augen und Nase produzierten gleichzeitig Feuchtigkeit, die unter Schluchzen im Ärmel des Kleinen verschwand.

Die alte Frau war gerührt und nahe daran, mit dem Kleinen zusammen ein paar Tränen zu vergießen. »Darf es das geben, dass in unserer Wohlstandsgesellschaft ein Kind von einem Plüschteddy träumt, den es zu Weihnachten nicht bekommen kann, weil die Eltern das Geld dafür nicht aufbringen?«, murmelte sie leise vor sich hin, um dann mit lauter Stimme zu dem Kleinen zu sagen: »Natürlich kaufe ich dir den Teddy, komm!«

Sie fasste das Kind eben fest bei der Hand, um mit ihm zusammen zum Kaufhaus zu gehen, als die Mutter des Knaben es endlich geschafft hatte, sich durch die lärmende und grölende Menge bis zu den beiden durchzuschlagen.

»Lassen Sie das Kind los!«, fauchte sie die Alte an, »Sie sind ja nicht ganz richtig im Kopf. Verteilen hier Geld auf der Straße, und jetzt wollen Sie meinen Jungen entführen. Das ist doch ein abgekartetes Spiel! Erst markieren Sie die Samariterin und dann wartet an der Ecke wahrscheinlich irgendein Zuhälter, dem Sie die Kinder zuführen, Sie, Sie

raffiniertes Biest, Sie!« Die wohlwollende Stimmung schlug plötzlich um.

Einige andere junge Mütter packten ihre Kinder fest an der Hand und zerrten sie mit aller Gewalt von dem Menschenauflauf fort, andere, die nur die letzten Worte aufgeschnappt hatten, riefen nach der Polizei. Das brachte auch die inzwischen eingetroffenen Punker dazu, sich lieber schnell aus dem Staub zu machen, als noch ein weiteres der zuvor so großzügig verteilten Geldstücke zu ergattern. Auch die Penner verzogen sich eilig und begannen, das unerwartete Weihnachtsgeld in Spirituosen umzusetzen.

Frau Engel begriff überhaupt nicht, was um sie herum geschah. Was hatte sie denn Böses getan? Sie hatte den Leuten eine Freude machen wollen, vor allem denen, die ohnehin nicht viel hatten. Für einen Obdachlosen waren zehn Euro doch eine Menge Geld, so konnte er sich wenigstens am Heiligen Abend etwas Warmes zu essen und eine Flasche billigen Rotwein leisten.

Und wenn das Lachen eines Kindes nur den Preis eines großen Plüschteddys kostete, so konnte man doch nicht mit gutem Gewissen das Ersparte auf der Bank liegen und sich auf dem Papier vermehren lassen. Wer hatte denn etwas davon?

Weiter kam sie nicht in ihrer Lebensphilosophie, denn inzwischen hatte irgendjemand einen Streifenbeamten aufgetrieben. »Da ist die Verrückte!«, rief einer, und wies mit dem Finger auf sie. »Die gehört ja ins Irrenhaus!«, rief ein anderer. »Die macht sich an unsere Kinder heran!«, schrien einige der jungen Mütter. Es war keiner mehr da, der für Frau Engel ein gutes Wort hätte einlegen oder ihre Harmlosigkeit hätte bezeugen können. Der Streifenbeamte wusste auch nicht so genau, was er mit der Frau anfangen sollte, aber um die erhitzten Gemüter zu beruhigen und den Menschenauflauf aufzulösen, nahm er sie erst einmal mit zur Wache.

»Hier bringe ich dir eine arme Irre«, berichtete er seinem Kollegen, »die verschenkt ihre Rente auf offener Straße und jetzt hatten einige Frauen Angst, dass das nur eine Masche sei, um sich an ihre Kinder heranzumachen.« »Was es nicht alles gibt«, antwortete der rundliche Beamte hinter dem Schreibtisch lakonisch.

Er hatte in jeder Beziehung ein dickes Fell und war so schnell durch nichts aus der Ruhe zu bringen. »Mach mal ein Protokoll mit ihr«, erwiderte der Erste. »Ich hole mir erst mal einen Kaffee. Wollen Sie auch einen, Frau, Frau, wie heißen Sie überhaupt?«

»Engel, Gabrielle«, antwortete Frau Engel wahrheitsgemäß, sie war Französin und seit über dreißig Jahren in zweiter Ehe mit Herrn Engel verheiratet. Jetzt runzelte auch der gemütliche Beamte die Stirn. »Die spinnt ja wirklich«, meinte er, »behauptet hier, sie sei der Engel Gabriel. Haben Sie Ihre Papiere bei sich, gute Frau?« Sie schüttelte nur müde den Kopf. Was sollte sie hier, sie hatte den Menschen doch nur eine Freude machen wollen. Die nächste Frage des Beamten, wo sie denn wohne, hörte sie schon gar nicht mehr. Eigentlich wollte sie um siebzehn Uhr zusammen mit ihrem Mann in die Christvesper gehen. Völlig in Gedanken versunken sang sie leise »Vom Himmel hoch, da komm ich her« vor sich hin. Jetzt wurde es selbst dem dicken Beamten zu dumm. »Wollen Sie etwa behaupten, dass Sie im Himmel wohnen?«, frage er gereizt.

»Ja, nein, Sternstraße 7, was wollen Sie überhaupt von mir?«, murmelte sie erschöpft. »Die ist ja wirklich durchgeknallt«, brummte der Beamte am Schreibtisch, »jetzt behauptet sie, sie komme von einem anderen Stern, Wolke 7 oder so. Mit der kann ich kein Protokoll machen.« »Es ist gleich fünf Uhr«, sagte der Erste, der inzwischen mit drei Bechern lauwarmem Automatenkaffee zurückgekommen war, »ich habe jetzt Feierabend. Die Kinder warten zu Hause auf die Bescherung.«

»Und was soll ich jetzt mit der Verrückten machen?«, erwiderte der Dicke. »Ich kann hier doch nicht die ganze Nachtschicht über auf die närrische Alte aufpassen.« »Bring sie doch in die Psychiatrische«, schlug der andere vor, »vielleicht kriegen die was aus ihr heraus, die haben mehr Übung im Umgang mit solchen Leuten.«

»Eine gute Idee, ich rufe da gleich mal an, vielleicht kann sie einer von den Pflegern abholen, dann habe ich hier keine Scherereien mehr mit ihr.«

Es dauerte keine zwanzig Minuten, bis zwei Pfleger in weißen Kitteln auftauchten und Frau Engel grinsend in Empfang nahmen. »Nun, dann wollen wir unseren Weihnachtsengel mal mitnehmen, wer weiß, was er uns noch alles bescheren wird«, lachten sie freundlich. Der Polizeibeamte hatte am Telefon kurz gesagt, worum es ging. »Bringen Sie mich nach Hause, bitte!«, flehte Frau Engel. »Wird gemacht, Oma, jetzt bist du gleich auf Wolke 7«, spottete der jüngere der beiden Männer, »du kommst doch vom Himmel hoch, oder habe ich das falsch verstanden?«

»Was soll denn das ganze Spektakel, heute ist Heiligabend und ich möchte jetzt in die Kirche gehen«, erwiderte Frau Engel, »außerdem, was fällt Ihnen überhaupt ein, mich zu duzen!«

»Immerhin weiß sie, was für einen Tag wir heute haben«, lachte der Ältere. Inzwischen hatten sie Frau Engel fest untergehakt und sie in die Klinik gebracht, wo sich das schwere Eisengitter rasch hinter ihnen schloss. »In die Geschlossene?«, meinte der Erste. »Lass mal, vielleicht ist ja doch noch etwas aus ihr herauszukriegen. Irgendwo muss sie doch wohnen. Ich gehe mal mit ihr ins Sprechzimmer.« »Wie du meinst«, erwiderte der junge Pfleger. »Ich glaube nicht, dass das was bringt, aber du hast da ja mehr Erfahrung.«

Er setzte sich mit Frau Engel in das kahle Zimmer. »Wie sieht es denn hier aus?«, sagte die alte Dame entrüstet, »nicht einmal eine Kerze oder einen Tannenzweig haben Sie auf dem Tisch.« »Sie wissen also, dass heute Weihnachten ist?«, begann der Ältere das Gespräch. »Natürlich weiß ich das«, erwiderte sie gereizt. »Aber Sie scheinen das nicht zu wissen, so grau und nüchtern, wie es bei Ihnen aussieht. Nicht einmal einen Teller mit Spekulatius sehe ich hier.« »Gute Frau«, erwiderte der Pfleger, »wir sind hier nicht in einem Café, sondern im Krankenhaus.«

»Im Irrenhaus, wollten Sie sagen.« Sie war jetzt wirklich ungehalten. »Jetzt rufen Sie doch bitte meinen Mann an, damit der mich abholen kann.« »Sie sind verheiratet?«, fragte der Pfleger freundlich, »und wie heißt Ihr Mann?« »Engel, genauso wie ich«, erwiderte sie, doch bevor der Pfleger erneut sein breites Grinsen aufsetzen konnte, fuhr sie fort: »Heribert Engel, Diplomkaufmann, Sternstraße 7.«

»Aber warum haben Sie das denn der Polizei nicht gleich gesagt?«, fragte der Pfleger, der sich im Telefonbuch davon überzeugte, dass in der Sternstraße 7 tatsächlich ein Heribert und eine Gabrielle Engel wohnten. »Die Beamten haben mir ja gar nicht richtig zugehört, sondern mir jedes Wort im Mund verdreht«, erwiderte sie empört.

Es dauerte nicht lange, bis ihr Mann eintraf. Der freundliche Pfleger schloss die schwere Eingangstür auf und berichtete Herrn Engel mit wenigen Worten, wie seine Frau in die Klinik gekommen sei.

»Können Sie mir erklären, warum sie da den ganzen Tag auf der Straße steht und Geld an wildfremde Leute verschenkt? Sie müssen zugeben, dass das schon ziemlich verrückt ist. Jeder ist heutzutage froh, wenn er möglichst viel verdient und sein Scherflein ins Trockene bringt. Da stellt man sich doch nicht einfach irgendwo hin und schmeißt mit dem Geld nur so um sich. Was hat sie denn davon?« »Das will ich Ihnen gern erklären, guter Mann«, erwiderte Herr Engel ruhig. »Sie lebt nicht nach dem Grundsatz: ›Was habe ich denn davon?‹, sondern sie fragt: ›Was haben andere davon?‹ Sie müssen wissen«, fügte er nach kurzer Pause hinzu, »dass meine Frau vor fünf Jahren sehr krank gewesen ist. Wir rechneten mit dem Schlimmsten.

In dieser Zeit hat ihr Sohn aus erster Ehe auf hinterlistige Art und Weise versucht, sich vorzeitig an das für ihn ausstehende Erbe heranzumachen. Er hätte sie für diesen Zweck am liebsten entmündigen lassen.

Als sie wider Erwarten gesund wurde und das falsche Spiel ihres Sohnes durchschaut hatte, hat sie sich geschworen, dass der eines Tages keinen Pfennig von ihrem Geld sieht. Seither hat sie es sich zur Aufgabe gemacht, ihre Sparbücher zu plündern und mit ihrem Geld vor Ort die Herzen derer zu erfreuen, die es ihrer Ansicht nach nötiger brauchen als der feine Herr Sohn.«

Er schwieg einen Augenblick, um dann zögernd hinzuzusetzen: »Nun frage ich Sie eins: Warum wird es in unserer Gesellschaft eher für normal gehalten, sein Geld zu raffen und zu raffen und sich möglicherweise noch vorzeitig ein ausstehendes Erbe unter den Nagel zu reißen, als es den Bedürftigen zu geben, um ihnen eine Freude zu machen? Warum sperrt keiner die Erbschleicher hinter Gitter und die, die den Hals nicht vollkriegen können und immer nur an sich denken, sondern eine harmlose alte Dame, die nach anderen moralischen Grundsätzen lebt als die meisten Menschen hierzulande?« Der Pfleger war sichtlich irritiert. Sich mit Geldanlagen zu beschäftigen, war eines seiner Hobbys. »Ich führe Sie jetzt zu Ihrer Frau«, lenkte er ab.

»Komm, mein Weihnachtsengel!«, sagte Herr Engel liebevoll, als er seine Frau im Sprechzimmer zärtlich in die Arme schloss, »wir fahren jetzt nach Hause und zünden die Kerzen am Weihnachtsbaum an.« Arm in Arm verließen die beiden die Klinik.

»Der spinnt ja genauso.« Der junge Pfleger war gerade aus dem Speisesaal gekommen und hatte die letzten Worte noch aufgeschnappt. »Ich weiß nicht, wer da spinnt«, erwiderte der Ältere und sah dem Ehepaar Engel vom Fenster aus nachdenklich nach, als es in den Wagen stieg.

Nachdem sie ein kurzes Stück gefahren waren, legte Gabrielle ihre Hand auf den Arm ihres Mannes. »Was ist, Gabrielle, hast du noch einen Wunsch?« »Ach, bitte, Heribert, Liebster, kommen wir nicht noch an einer Konditorei vorbei?« »Ja, bei Meisters, aber wir haben doch zu Hause den wunderbaren Christstollen, den du selbst gebacken hast.« »Ach, nicht für uns, Heribert, ich meine ja nur, ob die wohl heute Abend noch ein Paket Kuchen austragen? Die beiden Pfleger in der Klinik waren so nett zu mir, aber sie hatten wohl vor lauter Arbeit keine Zeit dazu gehabt, es sich zu Weihnachten ein bisschen gemütlich zu machen.«

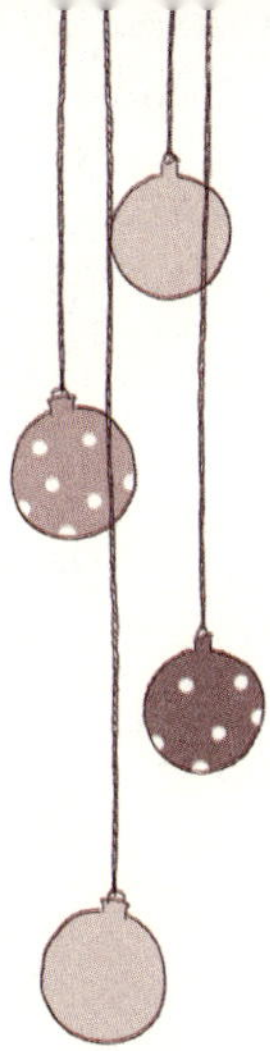

Für andere Menschen
ein Herz haben –
teilen und verschenken,
von dem, was man selbst
in Fülle hat –
ein Licht der Freude entzünden
bei denen,
die auf der Schattenseite
des Lebens stehen –
und dabei
unscheinbar und leise
zu einem Engel werden.

Das Versprechen

Dunkle Wolken fegten über den Himmel. Es war windig und stürmisch geworden, und er bereute, nicht den Wagen genommen zu haben. Aber er hatte gedacht, die zwei Stunden Fußweg an der frischen Luft würden auch seine Gedanken klären. Es war immerhin an die zwanzig Jahre her, seitdem er seine Schwester das letzte Mal gesehen hatte.

Deshalb war er mehr als überrascht gewesen, als er eines Morgens einen Brief von ihr mit der Einladung zum Weihnachtsfest im Postkasten vorgefunden hatte. Er hatte keine Ahnung, wie sie die Adresse seiner bescheidenen kleinen Wohnung hatte herausfinden können, denn er besaß weder einen Telefon- noch einen Internetanschluss.

»Verdammt noch mal«, fluchte er, als er auf dem vom unerbittlichen Regen der letzten Tage durchweichten Waldweg ausrutschte und hinfiel.

»Jetzt habe ich mir auch noch meinen einzigen Anzug schmutzig gemacht.« Wenigstens war das Weihnachtsgeschenk, das er in eine Plastiktüte gesteckt hatte, unversehrt geblieben. In der Dunkelheit konnte er kaum den Weg ausmachen, zudem fing es wieder an zu regnen.

Ob er lieber gleich wieder umkehren sollte? Ein Handy, mit dem er hätte Bescheid geben können, besaß er nicht. Es war schon spät, als er – ihre Adresse in der Hand – vor dem schmucken Häuschen stand.

»Donnerwetter«, entfuhr es ihm. »Offensichtlich hat sie es zu etwas gebracht«. Er zögerte. Sollte er wirklich klingeln? Aber wo sollte er sonst hin bei dem Wetter? Hinter den Gardinen sah er noch Licht. Also würde er sie wenigstens nicht aus dem Schlaf holen. Er fasste sich ein Herz und schellte. Das Licht im Haus wurde heller und schneller, als er erwartet hatte, wurde die Tür geöffnet.

»Gott, wie siehst du denn aus?« Das war also ihre Begrüßung nach all den Jahren. Dazu dieser erschrockene Blick. »Ich hole einen Putzlappen, dann kannst du dir erst einmal die Füße abtreten.« Typisch, dachte er, zuerst kommt die Sauberkeit. Er begann, innerlich zu frieren. Warum hatte er sich nur auf diese Einladung eingelassen. Was hatte er erwartet? Als er allerdings an seinen Beinen heruntersah und das durch den Schlamm verschmutzte Schuhwerk betrachtete, sah er die Berechtigung ihrer Worte ein.

Er zog die Slipper aus und betrat den Flur auf Strumpfsocken. Sie wischte den Lehm von seinen Schuhen, nahm ihm den Mantel ab und führte ihn ins Bad, damit er sich auch die Hände reinigen konnte.

»Sei bitte leise, die Kinder schlafen schon.« Er hatte nicht gewusst, dass sie Kinder hatte, woher auch. Was wusste er überhaupt von ihrem Leben. Sie reichte ihm trockene Socken und warme Pantoffeln. »Komm rein und setz dich erst einmal.« Ihr Ton schien ihm jetzt freundlicher zu klingen. Er versank in einem gut gepolsterten, offenbar teuren Sofa.

»Hast du Hunger?« Er nickte. »Ich mach dir schnell noch eine Portion Gänsebraten in der Mikrowelle warm. Magst du doch?«

Er nickte. Was für eine Frage. Wann hatte er sich das letzte Mal ein gutes Stück Fleisch leisten können. Offenbar wusste sie nicht, dass er seit Langem von Hartz IV lebte. Nach der Schließung des Werks, in dem er jahrelang gearbeitet hatte, war es ihm, trotz zahlloser Bewerbungen, nicht gelungen, einen neuen Arbeitsplatz zu finden. Mit dem Austragen von Zeitungen verdiente er sich zu der staatlichen Unterstützung noch etwas dazu. Aber er musste sparen, wo er nur konnte.

Braten, Klöße und Kohl dufteten wundervoll, als sie mit dem gefüllten Teller ins Wohnzimmer kam. Jetzt erst spürte er, wie hungrig er war. Er musste aufpassen, dass er die Köstlichkeiten nicht allzu gierig in sich hineinschlang. Während er aß, begann sie, zögernd zu erzählen. Dass sie Germanistik und Anglistik studiert hatte und noch während des Studiums schwanger geworden war. Das Examen hatte sie dennoch bravourös gemeistert; nachdem die Kinder in die Schule gekommen waren, hatte sie auch ihr Referendariat erfolgreich absolviert. Jan, ihren Mann, würde er morgen kennenlernen, er habe als Oberarzt heute Nachtdienst in der Klinik. Dann schwieg sie.

Was für ein perfektes Leben, dachte er. Aber so war sie immer gewesen, der kleine Sonnenschein ihrer Eltern. »Warum hast du mich eingeladen – nach all den Jahren?« Wieder war es still im Raum.

Verlegen zündete sie eine Kerze auf dem Esstisch an. »Ich habe vor einigen Wochen beim Aufräumen einen Brief von dir gefunden, aus der Zeit, als unsere Mutter im Krankenhaus gelegen hatte und wir nicht wussten, ob sie wieder gesund werden würde. Ich war damals zehn, du vierzehn Jahre alt. Erinnerst du dich?« Er nickte.

»Da hast du mir geschrieben, dass du, wenn es ganz schlimm käme, immer auf mich aufpassen würdest, weil du ja mein großer Bruder bist. Daran hatte ich immer geglaubt, auch später noch, als wir älter wurden. Und dann bist du eines Tages im Streit mit den Eltern einfach gegangen und hast nie wieder etwas von dir hören lassen. Unsere Eltern haben darunter unendlich gelitten.«

Sie schwieg. Er sah betreten vor sich hin.

»Wie geht es ihnen?« Seine Stimme war belegt.

»Sie kommen morgen Nachmittag zum Kaffee.«

»Dann verschwinde ich vorher.«

»Nein, noch einmal machst du dich nicht aus dem Staub.« Die Festigkeit ihrer Stimme erlaubte keinen Widerspruch.

Die erneut sich im Raum ausbreitende Stille wurde nach geraumer Zeit durch die Schläge der Standuhr jäh unterbrochen. Er zuckte zusammen, stand auf und holte die Plastiktüte aus der Garderobe. »Ich habe hier etwas für dich.« Er holte ein kleines Fotoalbum hervor.

»Komm«, bat er sie und schlug das Album auf. »Du hast die alten Bilder?« Er hatte selbst nicht gewusst, warum er damals, als er Hals über Kopf das Haus verließ, den Umschlag mit den Fotos eingesteckt hatte. Seite für Seite sahen sie sich jetzt gemeinsam die Aufnahmen von den Groß- und Urgroßeltern an. Es folgten einige Kinderbilder von ihnen beiden. Auf dem letzten standen sie eng umarmt und die Köpfe aneinandergelegt vor dem Weihnachtsbaum. »Ich habe dir die Fotos abziehen lassen, das Album ist für dich.«

»Danke.« Sie musste schlucken. Und dann schlossen sie einander innig in die Arme wie auf dem alten Kinderbild. »Du kannst bleiben«, flüsterte sie. »Wir haben im Haus eine schöne Einliegerwohnung«, setzte sie in fast entschuldigendem Ton leise hinzu. »Von jetzt an beschütze ich dich, das verspreche ich dir.« Sie saßen noch lange zusammen, redeten und erzählten von der Vergangenheit, von ihrem Leben und ihren Zukunftsträumen. Es war schon spät, als sie schließlich zu Bett gingen. In dieser Nacht schlief er so gut wie schon lange nicht mehr.

Beim gemütlichen, ausgiebigen Frühstück am Weihnachtsmorgen lernte er ihre Familie kennen. Ihr Mann und die Kinder kamen ihm mit solch herzlicher Aufgeschlossenheit entgegen, dass er spürte, hier ganz angenommen zu sein und bleiben zu können.

Auch der Begegnung mit seinen Eltern am Nachmittag sah er jetzt nicht mehr angstvoll, sondern getrost entgegen; die unerwartet liebevolle Aufnahme im Haus seiner Schwester stärkte in ihm das Vertrauen darauf, dass auch sie ihm nach all den Jahren würden vergeben können.

Der Weg zur Versöhnung
ist nicht immer leicht.
Schmerzhafte Erinnerungen
kommen wieder in den Sinn
und die Schuld vergangener Tage
belastet die Schritte
zur Begegnung.
Doch was zählen die Jahre
des Schweigens
gegen ein offenes Wort
oder eine zärtliche Geste
der Vergebung.

Die Demonstration der Sterne und Planeten

»Was ist denn das?« Jupiter war völlig aufgebracht. Auch Venus und Saturn waren erbost. Eine gereizt aggressive Stimmung verbreitete sich in der Nacht am ganzen Himmelszelt. Über Judäa, genauer gesagt, über Betlehem leuchtete ein riesiger Komet und es entging der gesamten Sternenschar am Himmel nicht, dass dadurch zahlreiche Menschen in Bewegung gebracht wurden, das besondere Himmelsereignis anzustaunen und seinem Licht zu folgen, hin zu einem Stall, in dem ein Neugeborenes schrie. Es schien so, als sei dort etwas Außerordentliches geschehen, denn eine große Engelsschar war dort offensichtlich auch zugegen, um zu jauchzen und zu frohlocken.

Keiner der Sterne verstand, was das ganze Theater da unten sollte. So viel Licht für ein kleines Kind? Jeden Tag kamen Tausende von Kindern zur Welt, so wie auch Tausende alter oder kranker Menschen starben. So war das Leben auf der Erde nun einmal geregelt. Und über Millionen von Jahren hatte es für alle Ereignisse auf der Erde genügt, wenn sich am Abend der ganz normale Nachthimmel zeigte in seinem Licht. Und jetzt kam so ein Stern mit Schweif daher und stahl ihnen die Schau.

»Das geht zu weit, wir müssen uns wehren«, sagte ein ganz kleines Sternchen. »Und wie bitte, wenn ich fragen darf?«, schaltete sich jetzt Mars selber ein. »Ich habe da so eine Idee«, strahlte das kleine Sternchen ganz verschmitzt. »Ja, dann heraus mit der Sprache!« Die anderen wurden ungeduldig. »Wir verschwinden einfach, der Himmel ist groß und weit genug.« »Und was soll das bringen?«, fragte jetzt Jupiter zurück. »Alle starren zu dem Kometen hinauf. Kein Mensch wird merken, wenn wir nicht nebenbei auch noch am Himmel herumstehen.«

»Dieser große Angeber, der da über dem Stall von Betlehem leuchtet, wird sich nicht lange halten«, erwiderte der Kleine. »Woher willst du das denn wissen?«, fragten die anderen, jetzt doch neugierig geworden. »Das ist doch immer so«, erwiderte das Sternchen, »wer schnell aufsteigt, fällt auch schnell wieder. Seine Glanzzeit dauert meistens nicht lange.« »Und du meinst, wir bleiben so lange im Versteck, bis der Komet wieder abgetaucht ist, und überlassen die Menschen dann des Nachts der völligen Dunkelheit?« »Damit sie sehen, was sie an uns haben.«

Jetzt hatten alle begriffen. Der Plan war raffiniert. Solch eine pfiffige Idee hatten sie dem Kleinen gar nicht zugetraut. »Das klappt nur, wenn alle mitmachen«, ergriff nun Uranus das Wort. Millionen von kleineren und größeren Sternen und die Planeten stimmten dem Plan einmütig zu. Auch der gute alte Mond, rund und voll, nickte gemütlich.

Und so tauchten sie alle gemeinsam in der unendlichen Weite des Himmelsgewölbes ab. Der kleine Stern

sollte recht behalten. Der Komet verschwand nach einigen Tagen wieder, und nun senkte sich die Nacht in völliger Schwärze über Stadt und Land.

»Wo sind denn nur die Sterne geblieben?«, klagten die Verliebten. »Wie romantisch war es, einander des Nachts im Mondenschein heimlich zu küssen.«

»Welch Trost war mir der Sternenhimmel in klaren Nächten«, weinten die Einsamen und Traurigen. »Sie haben mir immer gezeigt, dass es keine Finsternis gibt, in der nicht doch noch das Licht der Hoffnung aufleuchtet.«

»Kein Mensch wird uns mehr etwas glauben«, stöhnten die Astronomen. »Wir müssen alle Bücher neu schreiben, denn von einem Verschwinden der Sterne steht in keinem Werk von uns etwas drin. Wie sollen wir das nur erklären?« Und sie zerbrachen sich ihre klugen Köpfe.

Als unsere Sterne solche Reden hörten, strahlten sie, sodass man sie fast schon aus ihrem Versteck am Firmament mit bloßem Auge hätte wahrnehmen können. Aber sie hielten tapfer durch. Vierzig Tage und Nächte lang. Dann entschlossen sie sich einmütig, an ihren vertrauten Himmel zurückzukehren.

Was war das für eine Freude unter den Menschen. Die Verliebten küssten und umschlangen einander heftiger denn je, sodass der ein oder andere Stern beim Hinschauen schon fast errötete; den Einsamen ging zugleich mit den Sternen am Himmel ein Stern in der Seele auf, der ihnen wieder Mut machte für den kommenden Tag. Auch die Astronomen waren es zufrieden,

denn sie waren sich nun sicher, dass sie nicht alle ihre schlauen Bücher umschreiben mussten.
Und Sterne wie Menschen begriffen durch diese himmlischen Ereignisse, dass die Welt im Alltag gerade durch die Ausstrahlung eines jeden Einzelnen schön wurde, und sei er ein noch so kleines Licht.

Auch du bist wie ein Stern
am weiten Himmelszelt,
der auf ganz einzigartige
Weise die Finsternis
mit seinem Licht erhellt.

Auch du bist wie ein Stern
am weiten Himmelszelt,
du bist von vielen einer,
der darum weiß, was wirklich
für Menschenleben zählt.

Auch du bist wie ein Stern
am weiten Himmelszelt,
denn wenn es dich nicht gäbe,
spürte man,
dass dieser Welt was fehlt.

Aufregung um den Christbaum

»Emily, Hannah, Felix, kommt, ihr könnt schon einmal den Tisch decken!«, rief die Mutter aus der Küche, in der sie mit allerlei Geschirr klapperte. Ein wohliger Duft nach gebratenem Geflügel mischte sich mit dem würzigen Geruch von in Butter gedünsteten Zwiebeln, Rosmarin und Thymian. »Nun macht schon, das Essen ist bald fertig!« Mit missmutigen Gesichtern tauchten die beiden älteren Geschwister auf.

»Und wo ist Emily?«, wollte die Mutter wissen. »Wo soll sie schon sein«, maulte Felix, »sie drückt sich am Schlafzimmerfenster die Nase platt, heult und starrt auf die Schneeflocken draußen, in der Hoffnung, dass noch ein Wunder geschieht. Du hast ihr doch immer das Märchen erzählt, dass der Weihnachtsmann nur zu den Familien kommt, hinter deren Fenstern er einen erleuchteten Christbaum sieht. Ohne Christbaum kein Weihnachtsmann, und ohne Weihnachtsmann keine Geschenke, soweit kann sie sogar mit ihren fünf Jahren schon logisch denken.«

»Ich habe versucht, ihr zu erklären, dass der Weihnachtsmann sowieso nur eine Erfindung der Erwachsenen ist«, warf die siebenjährige Hannah ein, »aber das ist ihr einfach nicht beizubringen. Richtig angefaucht hat sie mich. Mir ist das natürlich egal mit dem Weihnachtsbaum, ich bin ja schon groß«, sagte sie tapfer, denn immerhin ging sie schon in die erste Klasse, konnte aber nicht verhindern, dass ihre Stimme dabei zitterte.

»Wir stellen ein paar Kerzen auf, dann wird es auch gemütlich«, versuchte die Mutter, ihre deprimierte Kinderschar zu trösten. Im Stillen war sie selbst bitter enttäuscht. Der Nachbar Anton hatte fest versprochen, wie in jedem Jahr einen Baum aus dem eigenen kleinen Forst vorbeizubringen, und bisher war auf ihn immer Verlass gewesen. Die Christbäume waren in diesem Jahr besonders teuer und seit der Vater vor zwei Jahren gestorben war, musste man sparen, wo man nur konnte.

Ob sie noch einmal schnell herüberlaufen sollte? Aber Betteln war nicht ihre Sache. Zudem war es bereits dunkel, und wenn er keinen Baum mehr hatte, konnte er jetzt nicht noch in den Wald hoch fahren und einen für sie schlagen. Sie verstand aber auch die Enttäuschung der Kinder. Ohne den Glanz eines geschmückten Christbaums war eben doch nicht richtig Weihnachten.

Felix hatte inzwischen damit angefangen, den Tisch zu decken. »Ich verstehe dieses ganze Getue um Weihnachten sowieso nicht, das ist doch alles nur eine Show für kleine Kinder.« Mit seinen dreizehn Jahren tat er, vor allem den jüngeren Schwestern gegenüber, gern so, als sei er schon erwachsen. Ein sonderlich glückliches Gesicht machte er aber auch nicht bei dieser Bemerkung. Die Mutter war gerade wieder in der Küche verschwunden, als es klingelte. Wie auf Kommando standen mit einem Schlag alle Kinder an der Tür; die kleine

Emily musste die Treppen vom Schlafzimmer hinunter zum Eingang geflogen sein.

»Du meine Güte, ist das ein Wetter draußen.« Beglückender können die Stimmen der himmlischen Heerscharen einst in Betlehem auch nicht geklungen haben als die raue Stimme von Nachbar Anton, der den strahlenden Kindern einen riesengroßen Weihnachtsbaum entgegenstreckte. »Tut mir leid, dass es etwas später geworden ist, aber wir sind im Wald oben im Schnee stecken geblieben. Jetzt macht aber schnell einen schönen Christbaum daraus, damit der Weihnachtsmann euch nicht vergisst«, lachte er. »Gruß an eure Mutter.« Und schon war er wieder verschwunden.

»Ein Baum, ein Baum, hurra, wir haben einen Weihnachtsbaum«, jubelten die Kinder und schleiften die lange Fichte glücklich hinter sich her ins Wohnzimmer. Ihrem Übermut wäre dabei fast die wertvolle chinesische Vase zum Opfer gefallen, ein Erbstück von der Großmutter, der einzig wertvolle Gegenstand im Haus.

»Pass doch auf!«, rief Hannah, aber ihr Bruder hörte die mahnenden Worte schon nicht mehr. In Windeseile war er die Kellertreppe hinabgestürzt, um die Säge zu holen. Der Baum war eindeutig zu lang, so konnte man ihn nicht in den Ständer bringen. Er taxierte die Höhe des Wohnzimmers, dann die Länge des Baums – und schon bewegte sich das Sägeblatt im Stamm. Es galt jetzt keine Zeit mehr zu verlieren, wenn der Baum bis zum Essen mit Kugeln und Kerzen geschmückt sein sollte.

Krachend brach der untere Teil des Baums zu Boden. Doch was die Kinder dann erblickten, ließ ihnen erneut die Tränen in die Augen steigen. »Tannenbaum light«, sagte Felix trocken. Von Baum konnte man angesichts dieses Überbleibsels überhaupt nicht mehr reden, das war ein Strunk mit ein paar Ästen dran. »Da lässt sich auch mit Kugeln und Lametta nichts mehr ausgleichen.« Jetzt war selbst Hannah den Tränen nahe.

»Lasst mich mal machen!« Felix fühlte in sich die Verantwortung wachsen, seinen kleinen Schwestern einen prachtvollen Weihnachtsbaum zu bescheren. »Hol mir mal schnell Vaters Bohrmaschine aus dem Keller, und dann nimm die Kleine und beschäftige sie mit irgendetwas.« Je älter er wurde, umso mehr neigte er dazu, seine jüngeren Schwestern herumzukommandieren.

Jetzt aber war Hannah nicht nach Protest und Streit zumute. Schließlich stand hier das Weihnachtsfest auf dem Spiel, auf das man sich schon so lange gefreut hatte. »Was hast du vor?«, fragte sie neugierig. »Ich schneide von dem unteren Ende, das ich abgesägt habe, ein paar Zweige ab, bohre oben dann einige Löcher und stecke die Zweige dort hinein.« »Kannst du denn mit Vaters Bohrmaschine umgehen?«, fragte Hannah zweifelnd.

»Na klar, Männer können so etwas«, erwiderte Felix selbstsicher. Wem hätte es in dieser Situation etwas genützt, wenn er zugegeben hätte, dass er die Bohrmaschine noch nie in Händen gehabt hatte. »Schnell, dreh' die Weihnachtsmusik laut, damit Mutter nichts hört!«, befahl er der Siebenjährigen noch einmal, die auch dieses Mal aufgeregt tat, was er sagte, ohne zu widersprechen.

»Kinder, müsst ihr das Radio denn so laut stellen?«, rief die Mutter. Hannah sauste in die Küche und versuchte, sie abzulenken. »Ach, Mama, wir freuen uns doch so, dass wir jetzt einen Baum haben, lass doch, kann ich dir noch was helfen?« Solch freiwilliges Hilfsangebot kam selten vor, aber die Mutter argwöhnte nichts.

»Ist es denn ein schöner Baum?«, fragte sie. »Der schönste, den wir je hatten«, log Hannah in blindem Vertrauen auf die technischen Begabungen ihres Bruders. »Dann ist es ja gut. Du kannst noch die Sahne in die Soße rühren.«

In der Zwischenzeit hatte Felix es tatsächlich fertiggebracht, die Bohrmaschine in Gang zu setzen. Ausgerechnet bei den Klängen von ›Stille Nacht‹ brummte die Maschine los. Aber in der Küche hatte man offenbar nichts gehört. Nun schnell noch etwas weiter oben ein zweites Loch. Immerhin war der heilige Josef selbst Zimmermann von Beruf gewesen und hatte demnach sein Leben lang mit Holz hantiert, da konnte man am Heiligen Abend auch einen Christbaum neu zusammenbasteln, beruhigte Felix sein schlechtes Gewissen und summte leise ›Josef, lieber Josef mein‹ vor sich hin. Der Mutter hätte es nicht gefallen, wenn sie gesehen hätte, dass er mit der großen Bohrmaschine des Vaters hantierte. »Zwei Löcher noch, dann schnell die Zweige hinein.« Auch das gelang. Hannah steckte in Windeseile die Kerzen auf und behängte den Baum mit goldenen Kugeln.

Auch Emily war wieder aufgetaucht, mit einem seligen Blick in den noch verweinten Augen. Sie war schon eifrig dabei, die im Kindergarten gebastelten Papierketten an den unteren Ästen anzubringen. Da sie in ihrem Eifer dabei etwas ungestüm vorging, erwies es sich als günstig, dass diese Zweige echt waren. Felix war gerade dabei, die Kerzen anzuzünden, als die Mutter mit dem gefüllten Truthahn in die Stube trat.

Fast wäre sie dabei über das Verlängerungskabel gestolpert, das Felix vergessen hatte, wegzuräumen. Mit dem Blick auf den erleuchteten Christbaum und in die strahlenden Gesichter der Kinder entgingen ihr allerdings die sichtbaren Spuren des vorangegangenen Abenteuers im Wohnzimmer, die Felix mit dem flüchtigen Hinweis »Ich bin gleich wieder da« noch schnell hinter der Kellertreppe verschwinden ließ.

Es wurde ein gelungenes Weihnachtsfest. Auch der Weihnachtsmann, unter dessen Kostüm sich Onkel Hannes verbarg, erschien nach dem Essen und vollendete das Glück der Kinder, zumal er genau die Dinge in seinem großen Weihnachtsmannsack hatte, die sich die drei am meisten gewünscht hatten. »Siehst du«, lachte die kleine Emily ihre ältere Schwester aus, »wie dumm du bist. Es gibt doch einen Weihnachtsmann, und er kommt immer dann, wenn die Kerzen am Christbaum brennen!« Für sie war Weihnachten gerettet und die Welt wieder in Ordnung.

Für die beiden älteren Geschwister entstand in den nächsten Tagen aber eine neue Sorge. Wenn die Zweige in den gebohrten Löchern nur nicht trocken würden. Immerhin musste der Baum bei ihnen nach alter Tradition bis Mariä Lichtmess stehen bleiben, das war der zweite Februar. Sonst würde die Mutter vielleicht doch noch etwas von der heimlichen Christbaumrettungsaktion merken. Jeden Tag, wenn sie einkaufen gegangen war, hat eines der beiden älteren Geschwister mit einem Stoßgebet gen Himmel die Nadelfestigkeit der Zweige getestet, den Baum gegossen und zusätzlich ein wenig Wasser über die eingesteckten Zweige gesprengt. Ganz offensichtlich waren alle Heiligen

aufseiten der Kinder, denn der Baum hielt bis zu besagtem Termin durch.

Als Mariä Lichtmess vorüber war und Kerzenhalter und Kugeln bis zum nächsten Fest wieder in Kartons verpackt auf dem Boden verschwanden, meinte die Mutter: »Jetzt will ich doch schnell zum Nachbarn Anton hinüberlaufen und ihm die Flasche Wein bringen, die wir noch im Keller haben, als Dankeschön für den Tannenbaum. Ihr müsst zugeben Kinder, so einen schönen Christbaum wie in diesem Jahr hatten wir noch nie.«

Wenn die Weihnachtsbäume
mit ihren Sternen, Kugeln,
Ketten und Kerzen
im Lichterglanz leuchten,
wenn die Räume
vom Duft nach Stollen
und Lebkuchen erfüllt sind
und die alt vertrauten Lieder
und Melodien erklingen,
dann wirst du berührt
von dem Geheimnis
einer besonderen Zeit.

Als das schwarze Schaf Milli Weihnachten feierte

Es war die Nacht der Nächte. Alle himmlischen Chöre schwebten in lichtem Glanz über dem Stall von Betlehem und sangen und jubilierten so göttlich, dass auch ein versteinertes Herz darüber weich werden konnte. Die Hirten waren, anfangs etwas ungläubig und zögerlich, aufgebrochen, um das Kind in der Krippe zu sehen, durch das ihrem Leben Rettung, Heilung und Frieden widerfahren sollte. Einige hatten ihre Schafherden mitgetrieben. Aus dem Schlaf aufgeschreckt, hatten etliche Schafe unterwegs gebockt, waren störrisch geworden, jetzt aber, im himmlischen Licht des Stalls waren sie alle ganz friedlich und blökten einträchtig eine Art Bass zum Gesang der Engel. Das Jesuskind wimmerte ein wenig, sodass Maria es an die Brust nahm und stillte. Eine Atmosphäre von tiefer Menschlichkeit und heiliger Seligkeit durchströmte Himmel und Erde und ließ etwas von dem tiefen Frieden ahnen, den die Engel den Hirten verheißen hatten.

Doch plötzlich mischte sich ein Misston in den bis dahin harmonischen Einklang. Dieser Misston war so leise, dass ihn nur ein Engel in seinem Herzen spüren konnte. Und flugs war einer der göttlichen Boten, unsichtbar fast, direkt zwischen Herden und Stall gelandet. Er drehte sich um, und da sah er die Bescherung. Direkt an der Krippe stand ein kleines schwarzes Schaf und weinte leise vor sich hin. Verwundert fragte er: »Wer bist du denn?« Das Schaf sah erschrocken auf. »Ich bin Milli«, antwortete es brav und brach in lautes Schluchzen aus. »Und warum weinst du, wenn ich fragen darf? Heute ist doch Jesus Christus geboren, der aller Kreatur Frieden schenken und alle verwundeten Seelen heilen lassen will.« Jetzt zerfloss Milli geradezu in Tränen. »Nicht so laut, du bringst ja die ganze himmlische Harmonie durcheinander«, mahnte der Engel. »Ach, störe ich hier auch wieder?« Die Tränen kullerten nur so aus seinen dunklen Augen. »So war es nicht gemeint«, entschuldigte sich der Engel fast, »aber du hast meine Frage noch nicht beantwortet. Sag, warum weinst du, gerade heute, in dieser Heiligen Nacht?« »Weil ich schwarz bin«, brachte Milli mühsam hervor. »Was ist denn daran so schlimm?«, fragte der Engel. »Du hast echt keine Ahnung von schwarzen Schafen«, antwortete Milli, jetzt fast ein wenig bockig. Der Engel überhörte sicherheitshalber den schroffen Tonfall, zumal Milli recht hatte. Im Himmel gab es schließlich keine schwarzen Schafe. »Dann sag mir, was so schlimm daran ist, ein schwarzes Schaf zu sein«, flüsterte der Engel liebevoll und trocknete Millis Tränen sanft mit einem seiner Flügel. »Ich bin eben anders als die anderen Schafe«, klagte Milli. »Ich bin zwar ein Schaf wie alle anderen Schafe, ich fresse wie sie und ich blöke wie sie, aber mein Fell ist nun einmal nicht weiß, wie es für Schafe üblich ist, und deshalb bin ich immer und überall ein Außenseiter«, und erneut begannen die Tränen zu fließen.

»Und deswegen stoßen dich die anderen Schafe aus?«, fragte der Engel ganz entgeistert. Nein, er hatte wirklich bis zu diesem Augenblick noch keine Ahnung von schwarzen Schafen gehabt, da musste er Milli recht geben. Bei den Engeln war es selbstverständlich, dass alle einander in gleicher Weise achteten und füreinander da waren. Sicherlich menschelte es auch zwischen Engeln bisweilen, es kam schon einmal vor, dass sich einer nicht an die göttlichen Gedanken hielt, die ihr Zusammenleben auf wunderbare Weise regelten, aber sie konnten sich darüber doch miteinander verständigen, Verfehlungen vergeben und auf diese Weise den himmlischen Einklang miteinander wiederherstellen. Aber dass man einen von ihnen aus der Gemeinschaft ausstieß, weil er sich nur in einer einzigen Art und Weise von den anderen unterschied, nein, das war bei Gott nicht vorstellbar.

»Was mache ich jetzt nur?«, dachte der Engel und betrachtete das schwarze Schaf voller Mitleid. Milli hatte unterdessen aufgehört zu weinen, es zitterte ein wenig und seine dunklen Augen spiegelten eine so tiefe Traurigkeit wider, für die es Jahre, ja vielleicht sogar sein ganzes Leben gebraucht hatte, um sie in seinem Herzen anzusammeln.

Still strich der Engel mit seinen Flügeln über Millis schwarzes Fell, dann erhob er sich leise und flog zu der Herde der weißen Schafe hinüber. Auch dort berührte er jedes einzelne Schaf ganz behutsam mit einem sanften Flügelschlag, sodass es den Schafen vorkam, als sei ein leichter Wind über das Land gezogen. Dann erhob sich der Engel hinauf in die Lüfte und ordnete sich, fast unmerklich, wieder in die himmlischen Chöre ein, die jetzt noch einmal von Liebe und Frieden auf Erden sangen.

Milli war unterdessen von all den Tränen, die es geweint und seine Augen müde gemacht hatten, in tiefem Schlaf versunken. Etwas unsanft wurde es mit lautem Geblöke aus seinem Schlummer geweckt. Ich habe von einem Engel geträumt, dachte es verwundert, als es von einem anderen Schaf einige wenig engelhafte Püffe erhielt. »Nun komm schon, die Nacht ist vorüber, wir ziehen wieder zurück an unseren alten Weideplatz.«

Was war das? Milli begriff nicht so ganz. Wieso sprach plötzlich ein weißes Schaf mit ihm? Das hatte es noch nie gegeben. »Ja, aber ...«, wandte Milli ein, aber weiter kam es nicht. »Brauchst du denn eine Sonderaufforderung? Wenn wir gehen, dann gehen wir alle zusammen, das war doch wohl immer so!« Milli wagte nicht zu widersprechen, erhob sich schnell und mischte sich erstaunt unter die Herde. Wieso durfte es plötzlich mit allen zusammen ziehen? Endlich fasste es sich ein Herz und fragte das Schaf, das neben ihm trabte: »Wie hast denn du diese Nacht erlebt?« »Es war alles wie ein Wunder«, blökte das weiße Schaf zufrieden, »vor allem die Chöre der Engel waren einmalig. So etwas werden wir in unserem ganzen Schafsleben wohl nie wieder hören.«

Also waren doch Engel da gewesen, staunte Milli, dann habe ich nicht geträumt? Aber sich darüber weitere Gedanken zu machen, war für seinen kleinen Schafskopf zu viel. Dennoch: Irgendetwas musste passiert sein in dieser Heiligen Nacht, denn von einer Stunde auf die andere war es kein Außenseiter mehr, sondern gehörte zu den anderen dazu. Hatte es nicht eine Stimme vernommen, die von Versöhnung gesprochen hatte, von Frieden und Heilung? War das Weihnachten, dass es über Nacht keine Unterschiede mehr gab zwischen Schafen? Voller Verwunderung begannen seine traurigen Augen von innen her zu leuchten, und für die Ohren eines Engels hätte sein fröhliches »mäh, mäh« fast wie ein Halleluja geklungen. Noch nie in seinem kleinen Schafsleben war es so glücklich gewesen.

Ob sich Millis Fell über Nacht durch die zarte Liebkosung des Engels verwandelt hatte oder ob sich die Sichtweise der weißen Schafe durch die Berührung des himmlischen Boten über Nacht verändert hatte, das ist und bleibt jenes Geheimnis, das der tröstende Engel nach jener Heiligen Nacht der Versöhnung zwischen Gott und der Welt wieder mit hinauf genommen hat in den Himmel.

Lautlos sinken die Engel
still bei Nacht
in dein weinendes Herz.
Sie trocknen deine Tränen
und verwandeln
deine traurige Einsamkeit
hin zu der Freude,
dass du so, wie du bist,
deinen Platz
im Zusammenleben mit anderen
finden kannst.

Als die Sternsinger kamen

»So, jetzt haben wir genug geübt«, befahl Balthasar alias Philipp Schneider. »Wenn du dir jetzt noch deine Krone gerade aufsetzt, Moritz, dann können wir losziehen, es wird Zeit.« »Drängle doch nicht so«, rief Lisa dazwischen, die als einziges Mädchen in der Gruppe der Könige den Melchior darstellte. »Es ist drei Uhr«, sagte Balthasar, »und wir haben in der Steinstraße immerhin 35 Häuser zu besingen. Außerdem muss ich heute Abend noch Mathe üben, nachdem ich schon die letzte Arbeit in den Sand gesetzt habe«, gab er kleinlaut zu.

Dann zogen die drei los. Gleich am ersten Haus machten sie eine schlechte Erfahrung. »Ach, ihr kommt von der Kirche, um zu betteln, schert euch zum Teufel!«, war die grobe Antwort, die ihnen durch den Türlautsprecher entgegenquäkte. Bei den nächsten Häusern hatten sie mehr Glück. Sie sangen, wie gewohnt, vor dem Eingang oder im Treppenhaus ihre Lieder, sagten, dass sie für eine katholische Hilfsorganisation sammeln würden, und hatten relativ schnell ca. 70 Euro in ihrer Sammelbüchse. Schließlich kamen sie zu Haus Nr. 15. Als sie auf die Frage an der Sprechanlage, wer denn da sei, geantwortet hatten, dass sie die Sternsinger von St. Andreas seien, hörten sie die Stimme eines sehr alten Mannes sagen: »Singt nicht im Treppenhaus, kommt zu mir herauf, Kinder, ich mache euch auf.« Lisa erschrak. Ihre Eltern hatten ihr nur erlaubt, mitzugehen, soweit vor den Einfamilienhäusern oder in den Treppenhäusern der Mehrfamilienhäuser gesungen wurde. Aber Moritz beruhigte sie. »Wir sind doch zu dritt«, meinte der Zwölfjährige, »schließlich wirst du von zwei starken Männern beschützt.«

Ein paar Minuten später standen sie in der Wohnung von Herrn Seiboldt und auch Lisa konnte erleichtert feststellen, dass hier keine Gefahr drohte. Herr Seiboldt kam in einem Rollstuhl an die Wohnungstür gefahren, die Beine mit einer braun karierten Wolldecke bedeckt. Er war, ihrer Einschätzung nach, mindestens 80 Jahre alt. Die Wohnung war dunkel und roch muffig, als wenn hier seit Wochen nicht mehr ordentlich gelüftet worden war. Auf dem Tisch standen ein Teller mit einem angebissenen Käsebrötchen und eine Tasse mit abgestandenem schwarzem Tee.

»Singt, Kinder, singt!«, murmelte der Alte. Die drei Sternsinger sangen ihre einstudierten Lieder von den Heiligen Drei Königen, die ihrem Stern nach Betlehem folgten, sprachen den Segen für das Haus und seine Bewohner, wie sie es eingeübt hatten, und hofften alsdann auf eine möglichst reiche Gabe für ihre Sammelbüchse. »Singt weiter, Kinder, singt weiter!«, bat der alte Mann. Lisa sah, wie ihm die Tränen über das Gesicht liefen, und gab den beiden Jungen ein Zeichen, noch einmal von vorne anzufangen.

»Singt weiter, singt weiter!« Die Worte kamen leise über die Lippen, hatten aber trotzdem zugleich etwas von einem Befehl. »Wir müssen noch zu anderen Häusern«, begann Philipp, »wir müssen jetzt wirklich los.« »Ihr sammelt Geld und ich gebe euch genug, wenn ihr weitersingt.« Dann wandte er sich an Moritz, der ihm am nächsten stand. »Bitte Junge, mach die obere Schublade auf, dort muss mein Scheckheft liegen. Gib es mir her und einen Kugelschreiber dazu.« Herr Seiboldt nahm einen Scheck und schrieb mit etwas zittriger Hand eine Zahl in das Formular, die die Kinder in dem Halbdunkel nicht erkennen konnten. »Aber jetzt, Kinder, singt, singt weiter.«

Die drei Sternsinger waren verunsichert, wagten aber angesichts der Tränen des alten Mannes auch nicht, sich seiner Bitte zu widersetzen. »Wir kennen doch noch ein paar Weihnachtslieder«, meinte Lisa, »wir können doch nicht dauernd nur diese drei Epiphaniaslieder singen.« Sie einigten sich auf »In dulci jubilo« und »Vom Himmel hoch, da komm ich her«, die Lieder, die sie am Heiligen Abend mit dem Kinderchor in der Christmette gesungen hatten. Der alte Mann hatte die Augen geschlossen und sein anfangs etwas mürrisches Gesicht zeigte Spuren tiefen Friedens. Die Kinder spürten, dass sie jetzt nicht einfach gehen konnten. Sie sangen weiter, und als sich ihr Repertoire allmählich erschöpft hatte, stimmte Lisa, obwohl es bereits der 6. Januar war, leise »Stille Nacht« an. Der alte Mann seufzte, strahlend vor Glück, tief auf und sackte jäh in seinem Rollstuhl zusammen.

»Was ist los, Herr Seiboldt, geht es Ihnen nicht gut?« Ängstlich und vorsichtig zugleich begann Lisa, den alten Mann zu schütteln. Aber der regte sich nicht mehr. Sein Kopf sank nur noch etwas tiefer auf die Brust. »Der ist tot«, meinte Philipp erschrocken. »Was sollen wir jetzt machen?«, fragte Moritz mit großen Augen. Wieder war es das Mädchen, das bestimmte. »Wir müssen sofort einen Arzt rufen, vielleicht ist er nur ohnmächtig geworden.« Sie verständigte den Notarzt, der schon nach wenigen Minuten erschien und Philipps Diagnose bestätigte. »Herzstillstand«, meinte er und fragte die Kinder nach dem, was vorgefallen war. »Er wollte, dass wir singen, und das haben wir eine halbe Stunde lang ununterbrochen getan. Er hat geweint und bekam dann plötzlich so einen friedlichen Gesichtsausdruck, dass wir nicht gewagt haben aufzuhören.« Lisa kamen jetzt selbst die Tränen. »Ihr solltet jetzt gehen, Kinder«, meinte der Arzt freundlich. Aber Lisa widersprach. »Ich denke, es ist besser, wir rufen erst einmal unseren Pastor an«, meinte sie, »der wird sicher auch gleich hierher kommen, wenn wir ihm erzählt haben, was passiert ist. Kommunionsunterricht und Beerdigungen hat er ja heute am Dreikönigstag nicht.«

Und so war es auch. Es dauerte kaum eine Viertelstunde, bis Pastor Hennig erschien. Noch einmal schilderten die Kinder, was geschehen war. Herr Hennig hörte ihnen ruhig zu. »Aber jetzt geht es schon auf 18 Uhr«, meinte Philipp verzweifelt, »und wir haben noch zwanzig Häuser zu besingen.« Von der Angst vor der Mathearbeit erwähnte er lieber nichts. »Die Leute warten doch auf den Segen, den wir ihnen für das kommende Jahr an die Tür schreiben«, warf auch Moritz resigniert ein. »Außerdem haben wir ja noch kaum Geld zusammen«, jammerte nun auch Lisa. »Wisst ihr was, Kinder«, beruhigte Pastor Hennig die drei, »es war goldrichtig, dass ihr hier geblieben seid und weiter gesungen habt. Ich kenne Herrn Seiboldt seit gut zwanzig Jahren. Er war so fürchterlich verbittert. All die Jahre hat er für alles, was ihm in seinem Leben misslungen war, einen Schuldigen gesucht. Erst waren es die Eltern, die er anklagte, dann die Lehrer, später seine Frau. Sie ist ein sehr freundlicher und lebensfroher Mensch. Eines Tages hat sie es dann nicht mehr ausgehalten, stets von ihm mit Vorwürfen attackiert und beschimpft zu werden. Es ist jetzt fast zwölf Jahre her, dass sie ihn verlassen hat. Daraufhin wurde er noch einsamer und verbitterter. Nichts konnte man ihm recht machen. Es ist auch mir mitunter schwergefallen, ihn als Mitglied der Gemeinde zu besuchen, denn inzwischen richteten sich seine Anklagen für sein angeblich so misslungenes Leben gegen Gott selbst. Was sollte ich ihm sagen? Er war in keinerlei Weise bereit, wenigstens einen Teil der Verantwortung für sein Leben einmal bei sich selbst zu suchen. Und ein alter Geizkragen war er obendrein«, fügte Pastor Hennig nach kurzer Pause noch hinzu. »Und wenn ich jetzt sehe, wie friedlich sein Gesichtsausdruck ist«, er sah sich noch einmal lange den Toten an, »dann habt ihr hier ein Wunder vollbracht.«

Die Kinder blickten erstaunt auf. »Ihr habt einem Menschen durch euren Gesang seinen inneren Frieden wiedergegeben, sodass er in Ruhe und Würde sterben konnte. Das ist wesentlich mehr wert, als wenn ihr heute Nachmittag die gesamte Pfarrei besungen und in den anderen Häusern 1000 Euro zusammengesammelt hättet.« »Ach, da fällt mir etwas ein«, fiel Philipp dem Pastor fast ins Wort, »Herr Seiboldt hat noch was auf einen Scheck gekritzelt, kurz bevor er zusammengesunken ist.« Der Pastor fand den Verrechnungsscheck auf dem kleinen runden Mahagonitisch neben dem Rollstuhl. Er wollte seinen Augen nicht trauen: 30.000,- Euro stand dort, für Adveniat, eine Hilfsorganisation, die in erster Linie Menschen in den Ländern der sogenannten Dritten Welt hilft. »Vielleicht hat er gedacht, dass er mit diesem Geld etwas wieder gutmachen kann, wenn er schon sonst nichts für andere übrig gehabt hatte«, meinte Lisa. »Möglich«, meinte der Pastor in Gedanken versunken. Er sprach ein leises Gebet neben dem Toten, dann sagte er zu den Kindern: »Kommt, wir gehen jetzt. Ich lade euch noch zu einer Pizza ein. Da können wir uns in Ruhe weiter unterhalten über das, was ihr gerade erlebt habt, und zugleich auch etwas Abstand davon gewinnen.« »Und die anderen Häuser bleiben jetzt ohne Segen?«, fragte Philipp. »Morgen ist auch noch ein Tag«, antworteten Lisa und Moritz wie aus einem Munde, und die drei verabredeten sich für den nächsten Nachmittag auf drei Uhr.

Es ist Gnade,
wenn sich die Verbitterung löst
und das Herz frei wird,
um Liebe
fließen zu lassen.
Es ist Gnade,
wenn man sich eines Tages
mit sich selbst aussöhnen
und seinen Frieden
finden kann.

Unterwegs nach Betlehem

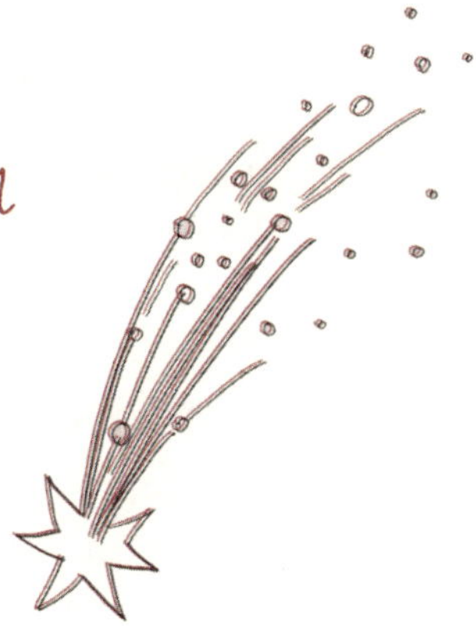

Melchior gähnte und rieb sich die Augen. Die Sonne stand schon hoch am Himmel, als er sich endlich von seinem Lager erhob. »Hast du auch den hellen Stern gesehen heute Nacht?«, fragte er Ali, seinen Diener. »Mit Verlaub, ich habe geschlafen, mein Herr, aber vielleicht mögt Ihr mir von dem Stern erzählen, der Euch die Nachtruhe gekostet hat.« »Der ganze Himmel hat geleuchtet«, berichtete Melchior, »ich habe alle meine astronomischen Bücher durchgesehen. So eine Himmelserscheinung hat es noch nie gegeben. Aber einen Hinweis habe ich gefunden, dass ein Komet im Westen aufgeht und das ganze Firmament in ein einziges Funkeln und Leuchten versetzen wird, wenn in Judäa ein neuer König zur Welt kommt. Es muss ein ganz besonderer König sein, denn in meinen Büchern steht geschrieben, dass er der Welt den Frieden bringen wird, ein für alle Mal. Hier, hier steht es, soll ich es dir einmal vorlesen?« Aufgeregt suchte er auf dem alten Pergament nach der entscheidenden Stelle. »Wollt Ihr nicht erst einmal eine Schale mit Tee zu Euch nehmen und ein wenig frühstücken?« »Ja doch, und wenn du meine Kleider hingelegt hast, dann sei so gut und reite hinüber zu Kaspar, Balthasar und Achmed. Ich bin gespannt, ob die drei die sonderbare Himmelserscheinung auch so deuten wie ich.«

Nächtelang hatten die vier Astronomen zusammen die Sternbilder studiert. Dadurch waren sie zu Freunden geworden. Melchior bekam vor Aufregung keinen Bissen herunter. Er wollte sich gerade wieder seinen Büchern widmen, als sein Diener schon wieder hereingestürzt kam. »Sie sind bereits da und lassen fragen, ob sie gleich zu Euch hereinkommen dürfen«, meldete Ali, »sie reden auch von dem wundersamen Stern in der vergangenen Nacht.« »Ja, bitte, lasse sie herein und bringe für die drei bitte auch noch Tee.«

»Es steht außer Zweifel, dass dieser Stern das Zeichen ist, das den neuen König ankündigt.« Achmed, Balthasar und Kaspar waren sich ganz sicher. »Wir sollten möglichst bald aufbrechen, um ihm unsere Aufwartung zu machen.«

Plötzlich ging alles sehr schnell. Die Karawane wurde zusammengestellt, nur die kostbarsten Kamele wurden für die Reise ausgewählt. Schließlich wollte man bei Hofe einen guten Eindruck hinterlassen. Auch über die Geschenke wurde man sich rasch einig. Natürlich musste man Gold mitnehmen, um den Reichtum des neuen Herrschers zu vermehren. Kostbarer Weihrauch sollte ihn mit wundervollen Düften umgeben, um sein Wohlbefinden zu steigern und ihn vor bösen Geistern zu bewahren. Edles Salböl würde zeigen, dass sie ihm, dem neuen Herrscher, mit Demut und Ehrfurcht begegnen und seine hoheitliche Würde anerkennen würden. Und Myrrhe durfte natürlich nicht fehlen, als Mittel gegen

Krankheit und Schmerz sollte es dem neugeborenen König zeigen, dass man ihm Gesundheit und ein langes Leben wünschte.

Ali hatte schon die edelsten Gewänder herausgesucht. »Den purpurnen Seidenmantel will ich tragen, wenn wir den Hof betreten«, meinte Melchior. Auch die drei anderen wählten die feinsten Gewänder für die Reise.

In der kommenden Nacht schien der Stern noch heller zu leuchten als zuvor. Die vier legten ihre Reiseroute fest, schliefen ein wenig, rüsteten sich aber gleich nach Sonnenaufgang für den Aufbruch. Die Kamele wurden mit Wasserschläuchen und Körben mit Proviant beladen, und die Reise konnte beginnen.

»Die haben es aber wirklich eilig.« Ali sah der Karawane mit der Hand über den Augen nach, bis sie seinen Blicken entschwunden war. Die vier waren bester Stimmung. Sie genossen den warmen Tag, machten bisweilen Rast, um die Tiere zu tränken und sich selbst zu stärken, und fanden am Abend ein behagliches Quartier für die Nacht. Doch kaum hatten sie in der Gaststube Platz genommen, da stürzte ein kleiner Junge herein, barfuß, die Kleider viel zu groß und zerrissen. Bevor der Wirt ihn hinauswerfen konnte, hatte er sich schon am Tisch der Fremden aufgebaut und streckte ihnen seine kleine, schmutzige Hand entgegen. »Die Leute hier sagen, dass Ihr Edelmänner seid, Ihr seid doch sicher reich. Meine Mutter liegt in den Wehen, sie hat so schreckliche Schmerzen, und wir haben kein Geld für Medizin. Bitte, helft mir!«, flehte er.

Dicke Tränen kullerten über sein Gesicht und tropften direkt vor Kaspar auf die Tischplatte. Der Anblick konnte Steine erweichen, geschweige denn Kaspars Herz.

»Ein wenig Myrrhe könnte man ihm geben, der neugeborene König wird nicht merken, dass eine Handvoll fehlt«, meinte dieser. Er war als Kind wegen seiner dunklen Hautfarbe oft von anderen Kindern gehänselt worden und hatte darüber so viele Tränen vergossen, dass er den Anblick weinender Kinder einfach nicht ertragen konnte. »Alles Gute für deine Mutter, mein Junge«, brummte er noch, doch der Kleine war schon auf und davon. Der weitere Abend verlief ohne Zwischenfälle. Der kühle Wein, den der Wirt im Krug brachte, schmeckte ihnen und sie legten sich bald zur Ruhe. Doch am nächsten Morgen, als die vier gerade ihre Kamele besteigen wollten, war der Junge wieder da. »Es ist ein Mädchen«, rief er schon von Weitem, »es war eine schwere Geburt, ich musste mitten in der Nacht eine Frau zu Hilfe holen, aber wir haben kein Geld, sie zu bezahlen. Wir haben nur zwei Hühner, wenn wir ihr die geben, haben wir keine Eier mehr. Hier, ich verkaufe euch ein Ei, frisch gelegt heute früh.« Ein verschmitztes Grinsen ging über sein Gesicht.

»Jetzt bist du dran, Melchior, gib ihm eine Münze, der neugeborene König wird es nicht merken, wenn ein wenig Gold im Beutel fehlt.« »Ein Stück Gold für ein neugeborenes Kind«, sagte Melchior und öffnete bereitwillig seinen Beutel, »aber das Ei kochst du deiner Mutter zur Stärkung.« Ihm selbst waren Kinder versagt geblieben, was ihm über viele Jahre schwer zu schaffen gemacht hatte. »Grüß dein kleines Schwesterchen von mir«, meinte er zu dem Jungen, »ist es denn hübsch?« »Ein bisschen verschrumpelt, wie eine alte Orange, wenn Ihr mich fragt, mein Herr, aber habt besten Dank auch.« Schon war der Kleine hinter der Hecke verschwunden.

Der helle Himmel kündete einen freundlichen Tag an und die vier waren wieder rundum guter Laune. Mittags machten sie Rast in der Nähe eines kleinen Dorfes, nahmen Schafskäse, Fladenbrot und einige Oliven zu sich, tranken ein wenig Wein dazu und legten sich in den Schatten einer Zypresse, um ein Schläfchen zu halten, als sie das Geschrei einer Frau aufschreckte.

»Man hat mir meine Ziege gestohlen, man hat mir meine Ziege gestohlen«, rief sie verzweifelt, »jetzt habe ich nichts mehr, was ich verkaufen kann. Ich bitte Euch, Ihr Herren, schenkt mir etwas, um es zum Markt zu tragen. Wenn ich ohne einen Krug voll Wein nach Hause komme, schlägt mich mein Mann tot.«

»Sind die Preise für Weihrauch gut hier in der Gegend?«, erkundigte sich Balthasar. »Für Weihrauch kommen die Reichen von weither, mein Herr, es gibt wenig in diesem Jahr, man kann ihn teuer verkaufen«, erwiderte die Frau. »Dann nimm ein Schälchen voll, aber pass gut darauf auf, damit er dir nicht wieder unterwegs von jemandem abgenommen wird«, mahnte der Alte gütig.

Balthasar war der Älteste unter den vieren und er gab stets gern etwas von dem her, was er hatte. »Auf die letzte Reise kann ich sowieso weder Gold noch Edelsteine mitnehmen«, meinte er dann immer fast entschuldigend. Achmed verhielt sich während all dieser Szenen mit den Einheimischen merkwürdig still im Hintergrund, protestierte aber auch nicht. »Das nächste Mal bist du dran, etwas abzugeben«, lächelte Balthasar. Achmed schwieg. Doch es dauerte nicht lange, als sich ihnen ein Bettler in den Weg stellte, das Gesicht und die Arme waren mit eiternden Wunden bedeckt, deutliche Spuren von Aussatz. »Habt Erbarmen, meine Herren, habt Erbarmen, ich habe Hunger und Durst.«

Widerwillig rückte Achmed ein Stück trocken gewordenes Fladenbrot aus dem Proviantkorb heraus und goss einen Schluck Wasser in den Becher, den ihm der Kranke mit zitternden Händen entgegenstreckte. »Ich danke Euch, mein Herr«, der Alte verbeugte sich umständlich, »aber habt die Güte und gebt mir etwas, das ich im Heiligtum opfern kann. Ich habe nicht mehr lange zu leben und möchte die Götter vor meinem Tod gnädig stimmen.«

»Los, Achmed«, drängten die anderen drei, »wir haben alle etwas abgegeben.« »Wie stehe ich dann am Königshof da?« Der junge Sterndeuter warf seinen Kopf stolz zurück. »Wenn wir hier jedem von dem Gesindel etwas von unseren Schätzen geben, dann kommen wir mit leeren Beuteln in Jerusalem an.« Alles Drängen und Zureden der drei Freunde half nicht. Balthasar war es schließlich, der dem Bettler noch etwas Weihrauch in die krummen Finger drückte. Er konnte aufgrund seines Alters die Sehnsucht des Kranken nach einem Sterben in Frieden mit Gott und sich selbst am besten verstehen. »Wenn das so weitergeht, habt ihr bald keine Geschenke mehr für den neuen König in Israel. Wie sollen wir ihm dann unsere Aufwartung machen?« Achmed war wütend. Insgeheim träumte er in seinem jugendlichen Ehrgeiz von einer einflussreichen Stellung als Sterndeuter am Jerusalemer Hof.

Und es ging so weiter. Wo sie auch hinkamen, begegneten ihnen Menschen, die in äußerster Armut lebten, Kinder in zerlumpten Kleidern, Alte und Kranke, die niemanden hatten, der für sie sorgte. »Ich habe überhaupt nicht gewusst, wie viel Elend es überall gibt«, ließ sich Melchior vernehmen. »Wir sind ja auch nie über die Gärten unserer eigenen wohlhabenden Häuser hinausgekommen«, stimmte Kaspar zu.

»Ein Leben lang haben wir an den Himmel zu den Sternen hinaufgesehen, aber nie einen Blick gehabt für die Menschen, die nicht weit von uns leben.« Balthasar war tief erschüttert von all dem Jammer, der ihnen während der Reise begegnete.

Als die vier die Stadttore Jerusalems erreichten, hatte sich Achmeds Prophezeiung erfüllt. Die drei hatten ihre Geschenke für den neugeborenen König unterwegs restlos verteilt, selbst ihre kostbaren Gewänder und ihre besten Kamele hatten sie verkauft oder verschenkt, um die Not derer, die sie um Hilfe anflehten, zu lindern. Ihr äußeres Erscheinungsbild glich inzwischen nahezu jenen Armen, die sie auf ihrer Reise beschenkt hatten. Nur Achmed, der seine Schätze bis zuletzt sorgsam gehütet hatte, sah man noch an, dass er edler und wohlhabender Herkunft war.

Es war nicht schwer, den Hof von König Herodes zu finden. Doch bevor Balthasar, als der Älteste unter ihnen bei Anbruch der Reise zu ihrem Sprecher ernannt, auch nur den Mund aufgemacht hatte, traten ihnen schon die Palastwachen entgegen: »Der König will hier kein Bettelpack sehen, schert euch davon!« »Wir wollten doch nur dem neugeborenen König ...« Doch weiter kam Balthasar nicht.

Einige der Wachen packten die drei, die wie versteinert vor dem Palastportal standen, am Arm und zogen sie fort. Nur Achmed, der jetzt so tat, als kenne er seine Freunde nicht, wurde der Zutritt zum Hofe gewährt.

»Jetzt haben wir die weite Reise vergeblich gemacht.« Kaspar war den Tränen nahe. »Komm, wir gehen aus der Stadt hinaus und schlafen erst einmal. Dann können wir überlegen, was wir jetzt machen wollen.« Dieses Mal war es Melchior, der versuchte, Ruhe zu bewahren. Sie fanden einen Olivenhain, an dem sie ihr Nachtlager bereiteten. Geld für ein Wirtshaus hatten sie keines mehr.

Die Nacht war kühl und klar. Kaspar war der Erste, der, trotz aller Niedergeschlagenheit, zum Himmel blickte. »Der Stern!«, rief er und zupfte Balthasar, der schon fast eingeschlafen war, am Ärmel. »Der Stern, er steht gar nicht über dem Haus des Herodes, wir sind, wie es aussieht, noch nicht an unserem Ziel angelangt«, frohlockte er.

»Tatsächlich, du hast recht.« Kaspar war mit einem Mal auch hell wach. »Gleich nach Mitternacht brechen wir auf, damit wir den Weg nicht verfehlen.«

Der Weg war steinig und schwer begehbar, dazu in der Dunkelheit oft kaum auszumachen. Das eine Kamel, das ihnen noch geblieben war, trug ihre wenigen Habseligkeiten. »Bald haben wir es geschafft!«, rief Balthasar und drehte sich hoffnungsfroh zu seinen Freunden um. Im gleichen Augenblick schrie er auf. Er war just in dem Augenblick, in dem er unachtsam gewesen war, ausgerutscht und in eine Dornenhecke gestürzt. Melchior riss sich ein Stück Tuch von seinem Hemd und versuchte damit, die blutenden Wunden notdürftig zu verbinden. An ein Weitergehen war vorerst nicht zu denken. Erst am Morgen setzten sich die drei wieder langsam in Bewegung.

Es war schon fast Mittag, als sie Betlehem erreichten. Die Sonne stach unerbittlich, und von einem Stern war natürlich zu dieser Tageszeit nichts zu sehen. Sie fanden einen Brunnen, an dem sie ihren Durst löschen und sich notdürftig etwas reinigen konnten. Erst am Abend erstrahlte der Komet so hell, dass sie fast geblendet wurden. »Ich habe hier weit und breit keinen Palast gesehen«, meinte Kaspar, »Wo kann hier ein König geboren worden sein?« »Wir folgen unserem Stern«, bestimmte Balthasar.

Und da standen sie, drei ärmlich anmutende, abgerissene Gestalten, in der anbrechenden Nacht, am Stall von Betlehem. »Hier, im Viehstall, unmöglich«, meinte Melchior. »Aber der wundersame Komet steht genau über dem Stall, es kann kein Irrtum sein.« Balthasar war richtig aufgeregt. »Lasst uns doch einfach hineingehen und nachschauen«, schlug Kaspar vor. Plötzlich hörten sie ein Kind schreien. »Ein Neugeborenes ist da jedenfalls«, stimmte Melchior Kaspar zu.

Als sie den Stall betraten, waren sie von einem unbeschreiblichen Glanz umhüllt, der ihnen schlichtweg die Sprache verschlug. Irgendeine Macht, die stärker war als sie selbst, zwang sie in die Knie. Sie vernahmen, wie eine Stimme, die aus der Krippe, in der das Kind strampelte, zu kommen schien, zu ihnen sprach: »Ihr habt eine lange Reise hinter Euch, ich freue mich, dass Ihr gekommen seid.« »Kaspar war sich nicht sicher, ob er durch die Hitze, die Anstrengungen der Reise und den mittlerweile quälenden Hunger inzwischen an Sinnestäuschungen litt, doch die anderen schienen die Stimme auch gehört zu haben. So antwortete er klar und deutlich:

»Wir kommen aus dem Morgenland, wir haben den Stern gesehen und sind ihm gefolgt, um den neugeborenen König zu grüßen.« »Wir hatten wunderbare Geschenke für Euch«, entschuldigte sich Melchior bei dem Kind, »aber ...« Er wollte gerade von den Abenteuern der Reise berichten, als die drei wieder die wundersame Stimme vernahmen:

»Ich danke Euch für Eure Geschenke. Liebe, Güte und Barmherzigkeit sind die kostbarsten Gaben, die Ihr mir bringen konntet. Durch sie zeichnen sich nur die wahren Weisen und Könige aus. Noch in zweitausend Jahren wird man Euch als die Könige und Weisen aus dem Morgenland preisen, deren Herzen der Not der Armen näher war als das Trachten nach Ehre und Ruhm.«

Dann war es still. Die drei Männer schauten sich verwundert an. Tief berührt knieten sie noch eine Weile vor dem Kind, das jetzt schlief. Die tiefen seelischen Verletzungen, die ein jeder von ihnen in früheren Jahren erlitten hatte, wichen dem Gefühl von Heilung, Erfüllung und Glück.

Ihr Herz war mit einem Mal von heller Freude und heiterem Vertrauen in die Zukunft erfüllt. Hier, in der Fremde, in der Begegnung mit dem göttlichen Kind, hatte alles Fragen und Suchen, das sie ein Leben lang umgetrieben und an fernen Himmeln nach Wegweisungen hatte forschen lassen, ein Ende, hatten sie selbst Heimat gefunden. Dass der tiefe Frieden, der sie erfüllte, wie ein Leuchten von ihnen ausging, spürten sie nicht. Erst als sie den Stall still verlassen hatten und sich auf dem Feld zur Ruhe legen wollten, hörten sie, wie einer der Hirten, der dort seine Schafe hütete, einem anderen zuraunte: »Schau nur da drüben, die drei Männer dort! Wenn die sich nicht hier auf das Feld zum Schlafen legen würden, könnte man meinen, es seien Heilige oder Könige in ihrem hellen Glanz.«

Von Achmed hörten sie nie wieder etwas. Seine Begegnung mit Herodes soll nicht sehr glücklich verlaufen sein. Man wollte am Hof von einem neugeborenen König nichts wissen und hatte ihn unverzüglich des Palastes verwiesen. Seine Hoffnung, dort eine Anstellung als Sterndeuter zu finden, hatte sich demnach nicht erfüllt. Als er am nächsten Abend auf die Zeichen des Himmels wartete, hielt er vergeblich nach dem Stern Ausschau, der die vier Freunde zu ihrem Aufbruch bewegt hatte. Seine Hartherzigkeit und Selbstsucht hatten ihn blind dafür gemacht, das Licht wahrzunehmen, das ihn zu dem Ziel seiner Lebensreise hätte führen können.

Wo die Liebe
ihre wärmende Kraft zeigt
und die Hartherzigkeit
schmelzen lässt,
wo sich die Güte
Bahn bricht
und der Selbstsucht
im Wege steht,
wo die Barmherzigkeit
offene Hände hat
und die Habsucht
zu Fall bringt,
da begegnest du
dem göttlichen Licht
in dir selbst.

Hinweise

Mandeln, Zimt und Marzipan

Mutter und Tochter beginnen mit der Weihnachtsbäckerei. In einem lebendigen Gespräch erzählt die Mutter von der Bedeutung der einzelnen Gebäcksorten, angefangen bei der Legende um die Honigküchlein bis zur Erklärung des Christstollens.

Lesedauer: 14 Minuten
Zielgruppe: Mädchen ab 10 Jahren

Aufregung um den Nikolaus

Während der Adventszeit muss die Mutter von zwei kleinen Kindern ins Krankenhaus. Am Nikolaustag wollen zwei Freunde des Vaters und der Vater selbst den Kindern eine besondere Freude machen und treten jeder als Nikolaus verkleidet auf. Dabei kommt es zu allerlei Verwirrungen.

Lesedauer: 13 Minuten
Zielgruppe: Mädchen und Jungen ab 8 Jahren

Die gestohlenen Stiefel

Ein kleines Mädchen hat wunderschöne neue Stiefel bekommen, die sie am Abend vor dem Nikolaustag vor die Haustür stellt. Nachdem diese Stiefel gestohlen wurden, erklärt ihr die Mutter in einem fingierten Brief vom Nikolaus, er habe die Schuhe bedürftigen Kindern gebracht. Die Kleine ist davon betroffen und sucht in ihrem Zimmer Dinge, die sie einem armen Mädchen in der Kindertagesstätte schenken möchte. Es kommt, angeregt durch die Mutter, zu einer guten Begegnung der beiden Kinder.

Lesedauer: 9 Minuten
Zielgruppe: Mädchen und Jungen ab 6 Jahren

Als der Niko(k)laus kam

Ein junges Mädchen war von ihrer ersten großen Liebe schwanger geworden, trennt sich aber von dem jungen Mann, als dieser eine Affäre mit ihrer Freundin angefangen hat. Als ihr Sohn vier Jahre alt ist, bestellt sie auf eine Anzeige hin per Mail einen Nikolaus. Hinter der Verkleidung erkennt sie den Kindsvater. Erst kommt es zu Spannungen, am Ende zur Versöhnung.

Lesedauer: 17 Minuten
Zielgruppe: Mädchen ab 16 Jahren

Als ein Stern vom Himmel fiel

Eine Jugendgruppe bereitet das traditionelle Krippenspiel in der Gemeinde vor. Geplant ist, den Stern, der den Königen den Weg weist, aus gelber Pappe zu basteln. Darüber ist ein Sternlein am Himmel so erbost, dass es sich auf die Erde fallen lässt, was nicht ohne Komplikationen abgeht. Aber gerade noch rechtzeitig erscheint es in der Kirche vor den Königen und berührt jeden Anwesenden dort mit seinem Glanz.

Lesedauer: 9 Minuten
Zielgruppe: Jungen und Mädchen ab 10 Jahren, Erwachsene

Himbeertorte mit Marzipan

Eine Schulklasse veranstaltet eine Julklappfeier. Ein armes Mädchen zieht dabei den Namenszettel eines dunkelhäutigen Jungen, der erst vor Kurzem nach Deutschland gekommen ist. Da sie kein Geld hat, um ein Geschenk zu kaufen, durchbricht sie die Regeln des Julklapp, gibt sich namentlich zu erkennen und schenkt ihm, dass sie ihm im kommenden Jahr helfen will, seine Deutschkenntnisse zu verbessern.

Lesedauer: 13 Minuten
Zielgruppe: Mädchen und Jungen ab 9 Jahren

Vom Stern, der Licht ins Leben bringt

Aus einem Briefumschlag fällt ein kleiner Stern, der ganz lebendig auf die wesentlichen Seiten des Lebens hinweist und dadurch hilft, es sinnvoll zu gestalten.

Lesedauer: 5 Minuten
Zielgruppe: Erwachsene

Der Schatz im Acker

Eine alte Dame versucht mit viel Fantasie, ihre miteinander zerstrittenen Söhne zur Versöhnung zu bewegen. Während sie im Krankenhaus liegt, lässt sie die beiden, zusammen mit deren Familien, an unterschiedlichen Orten nach dem angeblich irgendwo versteckten Familienerbe suchen. Berührt durch alte Erinnerungsstücke aus der gemeinsamen Kindheit, die ihnen dabei in die Hände fallen, söhnen sich die Brüder schließlich wieder miteinander aus.

Lesedauer: 21 Minuten
Zielgruppe: Erwachsene

Ein Weihnachtswunder

Eine ältere Frau wird am Heiligen Abend von ihrer einstigen Jugendliebe überrascht. Beide haben sich vierzig Jahre lang nicht gesehen und erzählen einander nun von ihrem Leben. Am Ende finden sie wieder zueinander.

Lesedauer: 14 Minuten
Zielgruppe: Erwachsene, ältere Frauen

Die närrische Alte

Eine ältere Dame verschenkt am Heiligen Abend Geld auf offener Straße an Bedürftige und wird daraufhin erst von der Polizei festgenommen und später ins Irrenhaus gebracht. Als ihr Mann sie dort abholt, erklärt er den Pflegern, dass sie nicht nach den gesellschaftlich gängigen Regeln von Habgier und Raffsucht lebt. Er stellt die Frage, ob nicht eher die Gierigen und Erbschleicher hinter Gittern gehören als eine alte Dame, die ein Herz für andere hat.

Lesedauer: 16 Minuten
Zielgruppe: Erwachsene

Das Versprechen

Eine Frau macht die Adresse ihres Bruders ausfindig, der zwanzig Jahre zuvor im Streit das Elternhaus verlassen hatte. Während sie ihr Leben im Griff hat, ist er arbeitslos und lebt an der Armutsgrenze. Sie lädt ihn zum Weihnachtsfest ein. Es kommt zu einem ausgiebigen Gespräch zwischen den beiden, das ihn dazu ermutigt, sich nach der langen Zeit auch einer Begegnung mit den Eltern zu stellen.

Lesedauer: 9 Minuten
Zielgruppe: Erwachsene

Die Demonstration der Sterne und Planeten

Da der Komet zur Geburt Jesu über alle Maßen hell über dem Stall leuchtete, fühlten sich die anderen Sterne und Planeten am Himmel in seinem Schatten und beschließen, abzutauchen. Als der Komet wieder verschwunden ist, ist es nachts stockdunkel. Glücklich darüber, dass sich die Menschen nach ihnen sehnen, erscheinen Sterne und Planeten wieder am Himmel und zeigen ihnen, dass jedes »noch so kleine Licht« von Bedeutung ist.

Lesedauer: 6 Minuten
Zielgruppe: Erwachsene

Aufregung um den Christbaum

Eine Familie bangt darum, keinen Christbaum zu bekommen; ohne leuchtenden Christbaum aber kommt der Weihnachtsmann nicht, so die Befürchtung der Kinder. Zu später Stunde bringt der Nachbar noch einen frisch geschlagenen Baum. Doch der sieht so misslich aus, dass der dreizehnjährige Sohn erst Äste abschneiden und in frisch gebohrte Löcher Zweige hineinstecken muss. Die Mutter bemerkt nichts von den Reparaturen und ist über den schönen Baum begeistert. Es wird ein gelungenes Fest.

Lesedauer: 11 Minuten
Zielgruppe: Jugendliche und Erwachsene (Familien)

Als das schwarze Schaf Milli Weihnachten feierte

Ein Schaf leidet darunter, dass es schwarz ist und deswegen von den anderen Schafen gemieden wird. Als es in der Heiligen Nacht an der Krippe weint, fragt ein Engel nach seiner Not. Über Nacht geschieht ein Wunder: Am kommenden Tag gehört das schwarze Schaf zur Herde dazu.

Lesedauer: 8 Minuten
Zielgruppe: Kinder ab 6 Jahren

Als die Sternsinger kamen

Drei Kinder gehen als Sternsinger von Haus zu Haus. Ein alter, verbitterter Mann bittet die Kinder, mit dem Singen nicht aufzuhören. Durch die Weihnachtslieder tief angerührt, kann er in Frieden sterben.

Lesedauer: 10 Minuten
Zielgruppe: Kinder ab 10 Jahren

Unterwegs nach Betlehem

Vier wohlhabende Sterndeuter machen sich mit ihren Geschenken auf den Weg, um dem neugeborenen König zu huldigen. Unterwegs begegnen sie vielen armen Menschen; drei der Sterndeuter schenken nach und nach alles her, bis sie selbst wie Bettler aussehen. Nur der Vierte hält sich damit zurück, weil er sich eine gute Stellung am Hof des Herodes erhofft. Doch der neugeborene König ist nicht im Palast, sondern im Stall von Betlehem zur Welt gekommen. Als die drei Sterndeuter dem Jesuskind erklären wollen, weshalb sie mit leeren Händen dastehen, vernehmen sie eine Stimme, die ihnen sagt, dass Liebe, Güte und Barmherzigkeit die kostbarsten Geschenke sind. Der vierte König war über seine Hartherzigkeit blind geworden, das Ziel seines Lebens zu finden.

Lesedauer: 18 Minuten
Zielgruppe: Erwachsene jeden Alters